大夏书系 | 与大师同行

Ten Lectures on Sukhomlinsky's Pedagogy

苏霍姆林斯基教育学——十讲

魏智渊 | 著

华东师范大学出版社
·上海·

图书在版编目（CIP）数据

苏霍姆林斯基教育学十讲／魏智渊著．—上海：华东师范大学出版社，2025.— ISBN 978-7-5760-6282-3

I. G40-095.12

中国国家版本馆 CIP 数据核字第 20254XC237 号

大夏书系 | 与大师同行

苏霍姆林斯基教育学十讲

著　　者　　魏智渊
策划编辑　　卢风保
责任编辑　　张思扬
责任校对　　杨　坤
封面设计　　奇文云海·设计顾问

出版发行　　华东师范大学出版社
社　　址　　上海市中山北路3663号　邮编 200062
网　　址　　www.ecnupress.com.cn
电　　话　　021-60821666　行政传真 021-62572105
客服电话　　021-62865537
邮购电话　　021-62869887
地　　址　　上海市中山北路3663号华东师范大学校内先锋路口
网　　店　　http://hdsdcbs.tmall.com/

印 刷 者　　三河市龙林印务有限公司
开　　本　　700×1000　16开
印　　张　　14
字　　数　　193千字
版　　次　　2025年8月第一版
印　　次　　2025年9月第四次
印　　数　　11 101 - 13 100
书　　号　　ISBN 978-7-5760-6282-3
定　　价　　65.00元

出 版 人　　王　焰

（如发现本版图书有印订质量问题，请寄回本社市场部调换或电话021-62865537联系）

目 录

序 唤醒自尊，点燃成长的力量 1

第一讲 自尊心 1

一、自尊心是什么 2
二、儿童为什么会自卑 3
三、保护自尊心的四种常见策略 7
四、自尊的健康培养策略 10
五、培养自尊的直接策略 13
六、如何超越自卑 17

第二讲 评分 21

一、评价 22
二、评分 24
三、欠缺性评价与成长性评价 37

第三讲　有意识记和无意识记 45

一、识记的两种方式 45
二、无意识记 50
三、无意识记与有意识记的关系 54

第四讲　思维课 59

一、什么是思维课 61
二、思维课：重新理解词与物的关系 63
三、儿童是如何学习概念的 65

第五讲　两套大纲 71

一、第一套大纲 72
二、第二套大纲 74
三、两套大纲的关系 77
四、第二套大纲与课外阅读的区别 81
五、两套大纲与学困生问题 83
六、干国祥：以课程思想超越两套大纲 85

第六讲　自动化读写 91

一、学困生形成的认知原因：能力与知识失调　93
二、如何提升自动化阅读水平　101
三、写字自动化与写作自动化　104
四、延伸：一般能力的自动化　106

第七讲　直观性 109

一、什么是直观　112
二、教学上如何运用直观　119

第八讲　交集点 127

一、什么是交集点　131
二、交集点的价值　134
三、追问：谁与谁交集　136

第九讲　道德教育　*147*

▶ 上篇　*147*

一、苏霍姆林斯基道德观解读　*150*
二、道德心与道德规范　*156*
三、道德教育的内容　*162*

▶ 下篇　*167*

一、直接教育　*169*
二、间接教育　*181*
三、集体教育与自我教育　*183*

第十讲　精神生活　*187*

一、帕夫雷什中学的校园精神生活　*189*
二、文学与传记在校园精神生活中的重要地位　*196*
三、精神生活与第二套大纲　*204*

后　记　*211*

序　唤醒自尊，点燃成长的力量

教育，究竟是什么？是知识的灌输，还是人格的塑造？是分数的追逐，还是心灵的唤醒？苏霍姆林斯基用他毕生的实践告诉我们：教育的根本在于对自尊的理解。而魏老师的《苏霍姆林斯基教育学十讲》，正是以这一思想为核心，带领我们深入教育的本质，去探索如何真正帮助孩子成为独立、自信、充满生命力的人。

在这本书中，魏老师以通俗的语言和生动的案例，将苏霍姆林斯基的教育思想娓娓道来。他告诉我们，自尊并不是简单的"觉得自己好"，而是孩子在克服困难、解决问题后，发自内心地感受到"我能行"的力量。比如，当一个孩子通过自己的努力，终于解开了一道数学难题，他的脸上绽放出的那种自豪感，就是自尊的真实体现。这种成就感，远比一句"你真棒"更有力量，因为它源于孩子自身的能力提升，而非外部的评价。

然而，现实中的许多教育方式，往往停留在表面。我们常常用爱心、赏识和鼓励来安抚孩子的情绪，却忽略了帮助他们真正提升能力。比如，一个孩子在课堂上回答错了问题，老师为了不打击他的信心，微笑着说"没关系，你已经很棒了"。这种安慰虽然暂时呵护了孩子的情绪，却未能帮助他找到错误的根源，也无法让他真正进步。魏老师指出，真正的教育，应该是在孩子遇到困难时，帮助孩子，让他在克服困难的过程中，逐渐建立起"我能行"的信念。

魏老师特别强调，自尊的培养与孩子的社会性需求密不可分。人的社会性需求，尤其是尊严感，是孩子成长的核心动力之一。孩子在集体中的归属感和价值感，直接影响着他的自尊心。比如，在一个班级中，如果一个孩子总是被忽视或被排斥，他的自尊心就会受到打击；而如果他能在集体中找到自己的位置，感受到被认可和接纳，他的自尊心就会逐渐增强。

在书中，魏老师还提出了一个重要的观点：教育的终极目标，是帮助孩子从依赖外部认可转向自我定义。他用"元认知"这一概念，来阐述如何帮助孩子认识自己、悦纳自己。魏老师认为，教育的任务是帮助孩子认识到自己的特长与兴趣，让他能够在擅长的领域中找到自信和成就感。这种自我认知的过程，是孩子形成独立人格的关键。

魏老师还特别强调了成长性思维的重要性。他举了一个例子：一个孩子在考试中失利，如果他认为"我就是学不好"，那么他就会陷入固定思维的陷阱；但如果他能够意识到"这次失败是因为方法不对，我可以改进"，那么他就会以开放的心态面对未来。魏老师指出，教育的意义，正是帮助孩子摆脱"被定义"的束缚，让他们相信"我只能被我自己定义"。

在教育的实践层面，魏老师提出了许多具体的方法。他特别强调，帮助孩子建立丰富的背景知识是提升他们克服困难能力的关键。他提倡通过"思维课"和"阅读自动化"来帮助孩子积累背景知识，从而让学习变得更加轻松和有效。比如，一个孩子在阅读一篇关于植物的文章时，如果他对植物的生长过程一无所知，那么他理解起来就会非常困难；但如果他曾经通过观察大自然，对植物的生长有了直观的感受，那么他理解起来就会容易得多。魏老师强调，教育不是灌输，而是帮助孩子从生活中积累丰富的背景知识，从而为精确学习打下坚实的基础。

此外，魏老师还指出，丰富的精神生活和营造安全、积极、健康的氛围，是帮助孩子成长的重要条件。每个孩子都有自己的天赋和兴趣，教育者应该为他们提供多样化的机会，让每个孩子都能在不同的领域中找到自己的价值。比如，有的孩子擅长艺术，有的孩子热爱运动，有的孩子对科学充满好奇。魏老师认为，学校应该创造多元化的平台，让每个孩子都能在适合自己的赛道上展现自己，获得成就感。

在评价孩子时，魏老师提倡多维度、成长性的评价方式。他指出，如果评价仅仅是对孩子的分数或表现进行排名，那么这种评价只会让孩子陷入比较和焦虑中。相反，教育者应该通过诊断性的评价，帮助孩子发现自己的优势和不足，并提供改进的机会。比如，一个孩子在数学考试中成绩不理想，老师可以通过分析他的错题，帮助他找到薄弱环节，并鼓励他在下一次考试中取得进步。这种评价方式，不仅能够帮助孩子提升能力，还能让他感受到被肯定和被支持。

魏老师的《苏霍姆林斯基教育学十讲》，不仅是一本教育理论的解读之作，更是一本充满温度的教育实践指南。它用具体的例子和贴近生活的语言，让我们看到教育的本质——帮助孩子找到自尊。这本书适合每一位教育工作者，也适合每一位关心孩子成长的家长。它提醒我们，教育的意义，不仅在于传授知识，更在于唤醒孩子内心的力量，让他们成为独立、自信的人。

愿每一位读者都能从这本书中获得启发，走向一条真正尊重孩子、激发孩子潜能的教育之路。

湛献庚
2025 年 2 月

第一讲

自尊心

大家好，今天是苏霍姆林斯基教育学的第一讲，讨论自尊心的问题。

自尊心，是苏霍姆林斯基教育学最核心的概念。它既是全部教育的起点，也是全部教育的终点。因为有了阿德勒，有了其他人关于这个问题的论述，我们对这个问题的思考其实可以更为开阔。所以这一讲，是九讲中唯一不拘泥于苏霍姆林斯基原著的一讲，我们就自尊心这个话题，从四个方面跟大家进行探讨：

1. 自尊心到底是什么？
2. 儿童为什么会自卑？
3. 教师如何保护儿童的自尊心？
4. 如何超越自尊？

第一个问题主要讲自尊与自卑的形成机制。第二个问题的核心是讲儿童在与环境互动的时候的反应模式。第三个问题的核心是讲教师跟儿童的反馈或者互动策略。最后一个问题要讲一讲自尊心的阴暗面，以及我们如何超越自尊，追求更有意义的人生。

一、自尊心是什么

我们先看第一个问题：自尊心到底是什么？

老师们其实都非常清楚，我们一般讲到自尊心的时候，简单地讲就是相信"我能行"。这种"我能行"的感觉，往往不是对具体事情的感觉，而是对我的生命的一种整体的感觉。也就是说，"我能行"更多地包含了一种主观的感觉、看法、信念，并不完全是事实。所以，我们有时候把它叫自我实现预言。我们也知道这是一种积极思维。这种积极思维对儿童生命的作用是非常非常大的，这是我们给自尊心的一个大体的定义。

跳出这个定义再来想一想，自尊心到底是什么？

人是社会动物，社会性是人的根本属性。人之所以能够战胜比自己强大得多的老虎、狮子，一个重要的原因就是人类的协作。所以，我们今天觉得个人的概念好像很正常，我们都讲自由、讲自我。其实，个人的概念出现是很晚的，甚至可以说它是近代或者现代的产物。人类在漫长的历史中，个人都不是作为独立的个体而存在的，而是作为共同体的一员，作为群体中的一分子存在。

比如说在古代社会，你要结婚，这不是你个人的事情。结婚这个事情是两个家族之间的事务。在这种情况下，人往往是依赖于群体来定义自身的价值。当然其中会有冲突。仍然以婚姻为例，中国有梁山伯与祝英台，西方有罗密欧与朱丽叶，就反映的是个人与社会之间的紧张关系。很显然，人会追求优越性，人希望在群体中被承认，或者说在关系中被认可。这是人性，是人类的一种基本动力，是苏霍姆林斯基在讲自尊心的时候一个基本的出发点，也是阿德勒个体心理学的基本观点。阿德勒的心理学理论都是在关系当中来定位的。因为人的社会性，人总是生活在跟其他人的比较当中，这实际上就是自尊心的社会的或者说文化的基础。

当然，我们要区分自尊跟自卑。为什么呢？因为具体的情况很复杂。

有时候我们能够被认可,有时候我们不能被认可。我们被认可的时候更容易形成自尊,我们不被认可的时候更容易形成自卑。而且一个人面对比自己强的人和面对比自己弱的人,自尊水平是不一样的。

一个县里的乒乓球冠军,面对一般的乒乓球爱好者是一个态度;但是在面对国家队乒乓球运动员的时候,又是一种自尊水平。所以,自尊水平是在变化的。而且我们也知道一个人在不同的优势或者劣势领域,自尊水平是不一样的。你可能是个文学爱好者,在文学领域里自尊水平很高;但是如果换一个你不擅长的领域,比如艺术、体育,可能很自卑。

所以,一个人的自尊跟自卑与环境、场景有关,在某种意义上是流动的。这种流动性是自尊的一个基本特征。其实,人人都可能很自尊,人人也都可能很自卑,因为自尊或自卑是在场景中变化的。尽管如此,我们仍然可以在一般水平上对许多人作自信或者自卑的类型划分。有些人在大多数领域显得很自信,这可能超越了具体的事情,成为他们面对整个世界的基本姿态。而有些人面对整个世界的基本姿态是自卑的,哪怕他们在很多领域比别人做得好,仍然是自卑的。我们有时候会称之为自卑情结。这个时候人的自卑跟自信相对的流动性就减弱了,它就变成了具体一个人的一种人格标识。

按阿德勒的说法,自尊有一个心理基础,就是我们每个人往往都追求优越感,渴望在关系中被承认。

二、儿童为什么会自卑

我们再来思考一下,人为什么会自卑?我们会发现人的自卑由很多因素决定。

比如说社会标准下的自然缺陷,一个人的身高、相貌、体重、健康状况、智商等,都可能导致自信或者自卑。这也是阿德勒比较强调的。

还有就是我们在环境中处于相对劣势,或者在文化中处于相对劣势，我们也可能形成自卑。比如说穷人家的儿童跟富人家的儿童相比，可能自卑的概率就高一点。再比如说父母对你的养育方式，是培育了你的自信，还是加剧了你的自卑，这也是一个原因。或者在一个男权社会里，性别不平等可能会对女性构成某种歧视，这也会导致一种性别的自卑。

我们经常看到的竞争中的失利，比如说考试没有考好，考了最后几名甚至倒数第一等。这不仅仅是在学校里能看到的，其实也是人一生都要面对的课题。比如说当儿童长大离开学校以后，我们会发现男性比女性更容易找到工作，长得漂亮、帅或者个子高的人更容易找到工作或者被重用，出身富裕家庭的人机会更多等，整个社会中其实也有很多的不平等。所谓"路不平则成其为自然，事不平则成其为社会"。这种情况抱怨是没有用的，关键是我们怎么样理解和应对。以正确的方式理解与应对，应该成为学校教育的一部分，尤其是道德人格教育的内容。我们应该帮助儿童对自尊心本身形成一种良好的认识，以便他将来走上社会以后，能够非常好地处理自我和周围环境的关系。

我们在学校通常会遇到三类儿童。

第一类是玻璃心的儿童，非常在意别人怎么看自己，动不动就觉得老师对他有偏见。玻璃心的儿童，实际上在某种程度上是属于关系导向的。儿童到学校来，本来重点是学习，但有些儿童更在乎别人怎么看自己。这在青春期更为常见。

第二类是充满自信的儿童，尤其是一些成绩比较好、家境也比较好的儿童。他们充满自信，对自我有较高的评价，这种儿童通常也会比较自律。

我们老师最烦恼的其实是第三类，就是对什么都无所谓的儿童，把感官封闭起来，不跟老师进行有价值的互动。

这三类儿童，玻璃心的儿童、充满自信的儿童、对什么都无所谓的儿童，其实都是有强烈自尊心的儿童。为什么一个有强烈自尊心的儿童，会对什么都无所谓呢？这是连续失败以后的防御机制——我怎么做都不能赢得别人的认可，索性跟整个世界对着干，你能拿我怎么样？这种对什么都无所谓的儿童，避免了自己受伤害，就跟阿Q一样。我们正常的人，往往是三者的混合——具有玻璃心的一部分，也有充满自信的一部分，还有对什么都无所谓的一部分。自尊心有流动的一面，它既可能凝固为你的一种人格尺度，也可能在某个层面是流动的，还可能是一种场景中的自我表达。比如说，作为教师，你上班的时候充满自信，能够把班带好；但是你回到家里，你爱人说你几句，一下就说得你眼泪流下来了，你在你爱人面前可能是玻璃心；你可能很讨厌校长或者哪一个人，他说什么你都无所谓。

一般来讲，玻璃心的儿童活在关系里，充满自信的儿童活在成就里，对什么都无所谓的儿童活在失败里，当然他可能会创造另外的成功，比如说成为小霸王、另找战场。这三类儿童都有对自尊的需要，但是采取了三种完全不同的反应，我们要识别。如果你不去识别，就会被儿童带节奏——他就操控了你的反应，而不是你在操控他的反应。儿童的反应跟公式差不多，举个例子。

《草房子》里有一个自卑而超越的典型叫陆鹤，又叫秃鹤，因为他天生头上没有毛。陆鹤在三年级以前，还没有意识到头上没毛有什么问题，大人也好，同学也好，摸一摸陆鹤的头，也没啥关系，要摸就摸吧。为什么呢？因为他在这个时候还处于一个无忧无虑期。但是三年级以后，他开始进入到青春前期了。一个人的自尊，一个人的自我感觉开始有了，所以从这一刻开始他就不再让别人摸他头了。旁边的同学会嘲笑他，作为一个有某种身体特质的人——秃头不叫缺陷，它就是某种特质——他受到了同学的嘲笑。他在一种社会标准里受到了嘲笑、贬低。

如果你是陆鹤，你会怎么办？

他首先选择了治疗。大家都在笑我没有头发，如果头发长出来，大家就不会笑我了。这是他的第一招——解决问题。结果秃头这个问题是个世界性难题，根本解决不了，这条路走不通。

解决不了的时候，怎么办？他就采取了第二条策略，把头遮盖起来，就戴一个帽子。但是戴上帽子以后，别人觉得他还是秃头，而且把他的帽子扔来扔去。

想解决问题，解决不了；想遮盖，遮盖不了。对于一个儿童来讲，他是不是无路可走了？他怎么办？那就无所谓，我秃我怕谁，我秃我有理，对吧？你爱咋咋地。所以他每天趾高气扬地来。这种反应就是我们讲的无所谓。对什么都无所谓的儿童并不是真的无所谓，而是建立起一种防御机制。而且他故意在学校的做操比赛上捣乱，在整个学校成为众矢之的。

一直到最后，他发现所有人都不理他的时候，他经历了反思。后来在戏剧演出里，演秃头的反面连长的角色，一下子把连长演得活灵活现。他的这种特点，最后成为他的优势，他就完成了自卑而超越，整个人经历了一场洗礼。

陆鹤的变化其实代表了一个儿童在社会评价里的左冲右突。我们可以把陆鹤的这个案例进行迁移。一个儿童，在学习上是落后的，他是自卑的。这个儿童会采取哪些方式？他可能会学一阵，结果发现越学越差，或者进步不大，或者越努力越显得自己笨。他可能就会遮掩，但是到最后遮不住。遮不住的时候他可能就想放弃——爱学习的都是傻子，你们累不累啊？这是逆反。我们怎样帮这类儿童找到超越之道？这就是教育面临的一个课题。毕竟班上前几名只有那几个，也不是说所有的儿童一定都能够考到多高的成绩。我们怎么样去理解、应对这个问题？这对我们做教育来讲就是一个挑战。这是我们刚才讲的第二个问题。

第一个问题我们解释了什么是自尊心，第二个问题我们知道自尊心是在社会标准压力下个人的一种反应。这种反应会有几种表现？可能是自卑的，可能是自信的，也可能是对什么都无所谓的。梳理清楚以后，我们再来思考做老师的怎么样去保护儿童的自尊心。

三、保护自尊心的四种常见策略

在保护儿童的自尊心方面，其实我们经常会用到一些基本策略。

第一个策略，是爱心策略。我们如果遇到类似玻璃心或对什么都无所谓的儿童，可能不会歧视他，反而给他无微不至的而且持续不断的爱与照顾。这很多老师其实都能做得到。

第二个策略，是励志策略。不断地鼓励这个儿童，教他勇于挑战困难，慢一点没有关系。然后我们也可能给儿童讲励志的名人故事，鼓励他，激发他。

第三个策略，是赏识策略，也可以叫闪光点策略。儿童有任何一点点小小的进步，就大大地加以表扬；甚至创造机会让他出现闪光点，以此帮助他树立自信。

第四个策略，是转移策略。通过表扬儿童在其他领域的进步，来帮助他树立自信。比如跟他说"虽然你语文不好，但是你体育好，所以人不要瞧不起自己"等。

爱心也好，励志也好，赏识也好，转移也好，这些策略都是有效果的。但是效果其实并不明显，很多时候我们在用这些策略的时候往往会失效。请问，为什么？

我在《苏霍姆林斯基教育学》那套书里分析过这个。当儿童遭遇失败，或者其他人对儿童不友好，骂儿童是笨蛋或者歧视他，或者觉得他就是问题儿童，我们这个班因为他多了这么一个害虫的时候，爱心型老师的好处在哪里？他不歧视儿童，能够在一定程度上让儿童获得安全感；儿童感觉到有人可以依靠，老师是爱他的。这个当然非常非常重要。所以它带来的积极方面，就是儿童可能因为老师而获得安全感，他相对敢于探索，能够鼓起勇气甚至战胜困难，这是有可能的。但是它带来的一个弊端是什么？为什么很多时候我们对儿童很好，但是并没有得到我们希望的结果呢？因为每一个策略都有其问题。

首先我们来分析爱心策略。儿童自卑是因为他缺乏成就感。只有爱心，让儿童感到安全是不够的；你还要让儿童获得成就感。儿童如果得不到具体的指导，又无法依靠自己克服困难，你只跟儿童表达爱心、表达关注，其实是没有用的。不但没有用，有些时候还会产生负面作用，比如说儿童会通过不断示弱来换取老师的爱——我是弱小的、被贬低的，我需要你的关心。儿童会用这种方式不断透支老师的感情。久而久之，老师跟儿童有可能形成一种情感性的相互依赖。老师会依赖于儿童对自己的依附和感激而获得成就感，而儿童依赖于老师源源不断的爱来维持自我肯定。但是，儿童的学业成绩以及稳定成熟的情感并未真正得到发展。为什么？因为真正的爱不是被爱，是培养儿童爱的能力。爱心策略只是一个基础，而且只用爱心策略，有的时候还显得老师非常无能。这是第一个策略存在的问题。

其次来看励志策略。比如给儿童描述美好的未来，讲优秀儿童的故事、名人故事、成功故事。励志故事背后有一个潜在的逻辑，就是只要你努力你就能行。励志有没有效果呢？励志在某些时候是有效果的，但现在关于动机的研究，基本上都在反对励志教育。

这种打鸡血其实是没有意义的，因为打鸡血往往形成一种情绪上的强度。这种情绪上的强度会让儿童猛学一阵，然后又放松下来。情绪上的一种强度，有时候会妨碍儿童在智力上的专注。儿童把更多的精力聚焦于人本身，而不是他的学习内容。所以这是有一点问题的。你想一想，你鼓励一下儿童，儿童受到了鼓舞，然后他说他要好好学，要获得成就感，结果好好学了一下，但没有获得成就感，就陷入沮丧，你再加强强度和频率，他又突破，突破不了。如此反复，最后儿童就厌倦了，习得性无助就出现了。他觉得他怎么努力都不行。时间久了，儿童也可能会出现一种病态，就是聚焦于态度本身，但是却怯于面对困难。这就跟很多单位一样。我们总是向领导表现，表演我们的勤奋，让领导感觉到我们很努力，但是并不是靠真实的成就。而且很多时候呈现出的是我们很上进，其实我们内心深处是逃避困难的。这种儿童越来越多，从小学到初中到高中，很多儿童在向父母和老师表演勤奋。

再来分析赏识策略。那赏识策略的特点是什么？它希望能够改变儿童消极的自我认知，让儿童对自己产生积极的评价。棒棒棒，我真棒；行行行，我真行。我们今天也知道这种方式其实很有问题。

我经常讲，不要轻易表扬儿童，也不要轻易批评儿童。因为表扬与批评有一个致命的问题，它都是针对人的。而我们不应该把儿童的注意力引向人，而应该引向知识。儿童一旦在知识上获得突破，他的自我感觉就会很好。这种好，是他的学习结果带来的，但是儿童轻易努力一点点，一点点小小的进步，你都对他表扬，这就有可能带来他对学习的一种轻率态度。而且他可能对表扬产生了厌倦，并没有获得很大的进步。我们经常批评美国的基础教育其实就有这个特点——太轻易表扬，结果儿童对表扬产生依赖，容易自满——这就容易形成肤浅的学习态度，儿童不肯也难以面对比较大的挑战。为什么呢？因为他怕挑战大的困难，遭遇失败，无法获得表扬。这方面都有相关的研究。你用表扬对待儿童，然后你在实验中去观察，儿童在选择任务的时候，就会倾向于选择容易完成的任务，不愿意去挑战高难度的任务。

总而言之，我们对赏识教育的过度强调会导致学习的肤浅化。因为赏识教育是非生产性的，它不是从克服困难、获得成就入手（这是干国祥老师讲的"良性教育学循环"），而是从态度上入手，从改变自我认知入手。这当然有必要，但它不是根本性的，过度地强调从态度上改变自我，就会导致肤浅的乐观主义。

转移策略也有问题，我们通过表扬儿童在其他领域，比如说艺体的进步来树立自信。这种转移策略，是基于一种认识，就是每个人都有长处，没有长处的人是不存在的。这是非常正确的。每个生命都有特质。我认为，这个世界上没有一无是处的儿童，每一个人一定在某一个或者几个领域，在人群中处于前20%的水平，不管是潜能还是表现出来的实际能力。这个社会，大家都应该是千姿百态的，老师要帮儿童发现他的特点。比如说我可能在足球、篮球或者某个领域表现非常好，周围都是羡慕的眼光，都是赞赏的目光，那么我成绩差一点，我也可能很自信，因为我的生命是有一种支撑的。用苏霍姆林斯基的话来讲，就是我们要找到儿童生命的那种闪光点、那种顶点，这肯定是对的。而且在这些领域形成的自尊自信有可能迁移到其他领域，比如说文化知识的学习领域。

但它带来的一个危险是什么？儿童有可能把更多的精力与时间用于自己擅长的领域，逃避在其他领域里的发展，这样的话就会形成片面发展。所以转移策略的问题就在于，它成功地转移了问题，而不是解决了问题。一个人体育水平再高，也不能取代他文化课上遇到的困难。

尽管如此，我们也知道，以上四种策略其实都是有效的。但是我们要远远地超越这四种常见的策略。每一种策略，我们用的时候，其实都要警觉。

四、自尊的健康培养策略

我们在这个过程中应该发展的是更为健康的培养策略。什么是更为健康的培养策略呢？

我们把更为健康的培养策略分为两类。一类是间接策略，就是通过帮助儿童获得成就，促使其进入良性循环，进而增强自信。它是间接策略，也是核心策略。第二类是直接策略，就是通过对自身的认知模式及情感态度、价值观进行讨论和反思来发展儿童的自尊。

老师在使用间接策略的时候，遇到最大的问题是专业性和时间。专业性的问题就是说，你要真正帮一个儿童。你怎么帮一个儿童？对儿童好，或者鼓励儿童几句，对老师来讲，不需要太强的专业性。但是，如果一个儿童的学业是落后的，或者他家庭出了什么问题，比如父母离异等，你能够识别这个儿童的问题，作出专业反应，这个很难。我们会很容易聚焦态度，而很难聚焦问题。所以，专业性是制约我们的一个核心因素。另外就是时间问题，比如个别辅导的时间不足。有的老师说，我们班上有几个学困生，或者有几个问题生，或者有几个比较自卑的儿童，我也想帮他，但是我没有时间，一天到晚排得很满。我没时间，儿童也没时间，时间不足。你补课总得有时间补。所以，这两个问题是制约老师使用间接策略的根本原因。但是我们回过头来想一想，其实这又不是根本问题。

根本的问题，我认为还是要有解决这些问题的那种意识与敏感。因为大多数时候其实我们看到了，但是因为一个班那么多的儿童，我们很忙又很疲惫，还要应对很多的工作，我们可能也缺少一套很好的统筹方法，这样，很多的儿童就被遗忘了。明明知道他有问题，我也有心无力；而且我把我的这个遗忘本身合理化，因为我没时间嘛。家长都不怎么管，我还能怎么着？如果我们老师足够专业的话，就会反过来思考：所有的成功都是条件限制下的产物。时间有限、专业有限，我怎么解决这些问题？

比如说，我可以把家长跟其他的老师卷进来。我给家长提供指导，我们不要本能地认为家长不支持，尤其是我们往往会觉得学困生的形成是家庭原因。但实际上不是这样的。很多时候家长是不知道方法。如果我们给出非常具体的指导和反馈，不配合的家长的数量将极大地降低。大家当然可以跟我抬杠，举极端家长的例子，但是这没有太大的意义。重要的是我们对这些儿童本身有真正的关切与敏感。所以，在间接策略上我特别强调我们要帮儿童去解决问题。

儿童的问题到底在哪里？我们要给儿童提供支持，对他的学习过程和学习策略进行反馈。我们要研究，这种研究也是我们专业性的反映，我们有阶段的小结，不断地迭代经验。比如说儿童口算老过不了关，到底是什么原因？儿童字词老过不了关，到底是什么原因？如果我们去探究，很有可能就避免了机械的重复操练。我们能够像苏霍姆林斯基一样，找到儿童思维的那个困扰的点，我们辅导儿童的质量就大大提升了。

苏霍姆林斯基有两段话我觉得值得重温一下。他说：

培养全面发展的个性的技巧和艺术就在于，教师确实要善于在每一个儿童面前，甚至是最平庸的、在智力发展上最有困难的儿童面前，为他打开精神发展的领域，使他能在这个领域达到顶点，显示自己，宣告大写的"我"的存在，从人的自尊感的源泉中汲取力量，感到自己并不低人一等，而是一个精神丰富的人。

如果一个人不能宣告自己的存在，不能在人类心灵的某一领域成为主宰者，不能在活动中和成就中确立自己的地位，如果他没有感到自己作为一个创造者的自尊感，如果他不能自豪地抬起头来走路，那么所谓的个性就是不可思议的。（《给教师的建议》第81条）

这是对自尊一个非常好的解释。自尊也好，个性也好，其实都是一个概念。

如果你想做到使儿童愿意好好学习，使他竭力以此给母亲和父亲带来欢乐，那你就要爱护、培植和发展他身上的劳动的自豪感。这就是说，要让儿童看见和体验到他在学习上的成就。不要让儿童由于功课落下而感到一种没有出路的忧伤，感到自己好像低人一等。儿童的乐观精神、他对自己力量的信心，——这是一条把学校和家庭联系起来的牢固的绳索，是一块吸引父母亲心向学校的磁石。一旦儿童对世界的乐观主义的感受遭到破坏，那么学校和家庭之间就筑起了一道铜墙铁壁。（《给教师的建议》第43条）

这是讲兴趣的。所以，苏霍姆林斯基始终强调的就是我们要培养儿童的能力，让儿童能够有成就感。这不是我们今天讲的重点。

五、培养自尊的直接策略

我们重点还是想要讲一讲直接策略。直接策略是什么意思？

从小学1—6年级，我们需要无数次地跟儿童——不管是单个的儿童还是全班的儿童——就自尊心或者自我展开持久的讨论。这个我认为很重要。这个过程是一个发展儿童情感、态度、价值观的过程，也是发展儿童元认知的过程。所以我们把它概括为两点：第一就是帮助儿童理解自身的反应模式和生命风格，这就是元认知的一部分；第二就是探讨最佳的应对策略，并反复实践。

这两点，在今天这个时代非常重要。为什么呢？因为好的教育在很大程度上就是建设一种我们跟儿童之间良好的关系，满足我们那颗玻璃心——玻璃心不是说不能满足，但是不能够助长欲望，停留在关系中——而且好的关系要帮助儿童在学业的天赋能力上获得成功，让他们进步，在成长中去体验知识和能力带来的自由感，或者说权力感。这是增强自我水平的核心方式。同时，我们也要告诉儿童，哪些事情要重视，哪些事情无所谓。不是说无所谓就不好，有些时候就是要无所谓。比如说，不相干的人怎么评价你无所谓，但是重要的人的意见要重视。可能在你学习的时候，不喜欢学习的人就会讽刺你，你不要让他影响你。再比如说，在远离你目标的领域，你可能是个菜鸟，无所谓。比如你很爱学习，人家会抽烟、会喝酒，或者人家会唱，你唱歌不行，但是对你来讲无所谓——不需要在那些地方跟人一争长短的。有的时候，尤其对我们老师来讲，有没有获得相应的奖励或者荣誉无所谓。关键是什么呢？成长。玻璃心也好，自尊心也好，既有消极意义，又有积极意义。

接下来围绕元认知，我们来作逐项的讨论。

第一类是自然缺陷。有些儿童，在社会标准下有某些自然缺陷，比如身高偏矮、体形偏胖、残疾，儿童因为这些缺陷可能有一种自卑感，但不一定会跟老师讲。我们不能在儿童跟我们讲的时候，我们才作出反应。比如一个女生很胖，结果同学嘲笑她。你可以点对点地跟她去讨论，帮她去建构一种怎么理解和行动的新的模型。其实，这种自卑人人都有的。在人人都有的情况下，我们可以通过班会和道德人格课程，形成一种跟儿童就这个问题交流的基本方式。

人类关于这些问题的认识早就成熟了，我们只是要把人类关于这些问题的认识经验转化为课程，跟儿童进行讨论。比如说我们对待所谓的自然缺陷，要有一定的认识。在一种社会条件下的优势，在另一种条件下可能是劣势。我们知道，美的标准在变化——唐代以胖为美，现在越瘦越美。所以，我们所谓的自然缺陷并不能简单地理解为缺点。因为这些特点从基因的角度看都是相对环境而言的，哪怕是胖也会带来不少优势，并不只有缺点。儿童还不能够灵活地理解：在一个社会环境里，某些行为比其他的行为更占据优势。

但是我们要帮儿童形成一种灵活的理解。有了这种灵活的理解以后，儿童就知道对这些所谓的缺陷的理解是相对的，不是绝对的。有了这种理解以后，我们就在力所能及的情况下，改善我们所谓的自然缺陷。比如说可以通过锻炼让自己的体形更优美，可以通过控制体重让自己更健康。这就是我们经常讲的"接受不能改变的，改变能够改变的"。我再锻炼也练不成刘德华的脸，那我就去接受现在的自己。不但要接受，而且要悦纳。但是如果你去盲目整容，就越过了某种界限，它不一定就值得。

在这个过程中，我们跟儿童就会形成一个原则，这个原则就是避免走极端。一种极端是无所谓，另一种极端是自己贬低自己。要避免这两种极端，两个原则很重要。第一个原则，我接纳和喜欢现在的我。第二个原则，在力所能及的情况下，我会让我变得更好。最讨厌的情况是什么呢？就是不努力，只抱怨。比如说，你可以长得不美，但是你可以让自己变得更健康、更智慧，性格更有吸引力。一旦你陷入到抱怨当中，你就会进入到恶性循环之中。

我们守住了这两个原则，就可以用更开放的心态来处理跟外界的关系。比如说，你也可以在镜头面前自如地展示自己，你甚至不用美颜；哪怕你旁边坐了一位美女，你也可以坦然自若，甚至你不会忘记称赞她的美貌。但她并不是你的诅咒，你也在欣赏她。因为你会明白：别人不会一直盯着你看，研究你的脸；而一旦交流开始，别人更在意的是你表达出来的思想；每个人在本质上都是自我中心主义者，都只关注自己想要的，没有必要自作多情。

儿童的很多压力就在于，他以为整个社会都在关注他。其实人家也只是偶尔说两句，谁有那么多的精力关注你？所以，我们要帮儿童把多余的负担卸掉；把多余的负担卸掉，并不是保持现状，而是仍然要变成一个更好的自己。但是我变成一个更好的自己，并不是为了别人怎么看我，不是这个目的。

比如说我有点胖，我也在减肥。但是我减肥的目的不是变成一个身姿优美的人，让别人看到我就觉得帅。我不是为别人，而是为自己，因为体重一旦超过了一定的界限以后，就不健康了；工作的状态就不好，身体就有很多不好的征兆；我自己健康了，我才是舒适的。所以减肥是我的需要，不是别人的需要，不是为了迎合别人的需要。我一旦自己舒服了，别人怎么看我，无所谓。为了迎合社会标准，我要减肥减到一个标准模样，这个没必要。健康才是我的追求，那种所谓的体形，不是我的最终追求。

第二类是环境劣势。比如说贫穷这件事情，也是可以跟儿童讨论的。我们要跟儿童强化一些认识。第一，贫穷不是我的错。第二，贫穷不是父母的错。第三，贫穷压根不是一种错，它只是一种处境。所以真正可怕的不是贫穷，而是贫穷感。或者说真正可怕的不是贫穷或者富有，而是穷人思维。穷人思维的核心是觉得世界上吃饭是最重要的事情，那富人思维的核心是发展，甚至可能是自我实现。这跟钱多钱少没有必然关系，许多暴发户往往就是穷人思维。

在贫富问题上，我们要培养儿童对金钱的态度，避免被金钱奴役。这些东西将来都要融入到我们的道德人格课程里。比如说我们要区分底线，就是我讲的生存线和发展线。那么一旦突破底线，肯定要求生存。一旦生存线达到了就要求发展。在发展的过程当中，收入往往是伴随物，但它不是核心目标。我们既不是让儿童鄙夷金钱，也不是让儿童拜金。我们是让儿童形成一种富足的思维，而不是贫穷的思维。富足的思维跟贫穷的思维的一个区别就在于，贫穷的思维往往是低端的、单维度的、单向度的；而富足的思维是多维度的，它的目标是复杂的，让你的人生更有弹性、更健康。

第三类是竞争中的失利。这一点是最重要的。因为前两点毕竟只涉及少数儿童。对于竞争中的失利，如果不给儿童提供指导，儿童会有一种本能反应。而在本能反应中，如果你用前面讲的那几种策略，爱心也好，励志也好，可能就会加剧本能的不良反应。我怎么理解竞争中的失利？我怎么理解学习这件事情？我学习的目的、意义是什么？我怎么样去对待学习中的失败？我应该用什么样的思维去对待它？在这个过程当中，核心是什么？

核心就是要帮助儿童养成成长性思维。你可能没有考过别人，一次、两次、三次都有可能，你会得出一个结论说"我不如他"，我们称之为固定性思维。成长性思维是什么？成长性思维就意味着：我暂时落后于他，我将来可能不如他，可能比他更好；这取决于我是不是努力，或者是不是运用了正确的方法。当儿童这样去思考问题的时候，他会觉得一切皆有可能，这就是成长性思维。成长性思维是我们在学习方面跟儿童要讲的一个核心概念。这个概念，大家也需要漫长的时间去领会。它说起来很简单，真正落实下来也没有那么简单。

另一个重点就是我们对待失败的态度。你怎么理解失败这件事情？你不能简单地说"胜败乃兵家常事"。也就是说，你不能够把失败看作对自己的否定，你要把失败本身当作一种信号、一种资源；而且你也要知道，在人生整个过程中，失败是有它的积极意义的。人生是一个漫长的过程，失败往往只是短暂的、临时的，不可能一直失败；如果你在努力，在不断地反思调整的话，就不怕失败，甚至勇于面对失败。有时候你挑战更难的题目、更难的任务，你失败的概率更高。我们要有勇气去悦纳这个失败。这对于儿童来讲非常重要。

我们对待在竞争中失利的两种重要的思维，要跟儿童讲清楚。生活不是零和游戏，同学之间并不是你死我活。大家都在学语文，都在学数学，你能考100分，我也可以。并不是我考得好，就一定要用排名去诅咒一个人。我要的并不是胜过你，我要的是把这一门学科精进到一定程度，成绩只是对精进幅度的一种标识。最重要的是我处在持续进步当中。所以我旁边的伙伴并不是我的诅咒，只是我的参照系，我可以帮助旁边的人做得更好，假如我有这个能力的话。我们可以互相帮助，而不用把对方踩在脚下。在这方面，我们也需要跟儿童有更多的讨论，比如如何看待排名。当然，前提是我们老师也要知道如何正确地运用排名。

六、如何超越自卑

最后一个话题我想讲一讲如何超越自卑。我最喜欢引知乎里的一句话："一辈子都和别人去比较，是人生悲剧的源头。"

一个更好的社会不是跟其他人比较，而是"和而不同"，换句话来讲，就叫"各美其美，美美与共"。我们老师对待自身，对待周围的同事、同伴应该是这个态度。我们应该培养儿童这样的态度。因为这个态度会让儿童过得更幸福、更有松弛感，也更容易获得成就感。那如何超越自卑呢？一句话：你的存在应该让别人成为一个更好的人，你也要让别人的存在让你成为一个更好的人；哪怕别人是坏人，他也从反面提醒了你不要成为这样的人。这就是积极意义。过去有一句话叫"上层社会人捧人，中层社会人挤人，下层社会人踩人"。我们在处理人与人之间关系的时候，要重新给自己定一个调子，自己树立底线，要达到一个怎样的尺度，而不是跟别人比较。底线之上我们需要以别人为参照系，努力地成为更好的自己。这很重要。

班上有的儿童成绩非常好，甚至远远超越了教材。他对整个班是有意义的。这个意义就是让整个班的儿童看到一种可能性——原来他都能做那么好，那我肯定也能做到。但是取决于老师怎么引导。如果老师引导不好，那些成绩好的儿童可能成为别的儿童的诅咒。人家已经那么好了，我怎么努力也不如人家，我何苦要努力呢？你想一想，你跟人家有啥关系？这个就是底线以上，要以他人为参照系。他人会启发你——他做得好的也启发你，他做得不好的也警醒你，但是你要努力成为最好的自己。

我们总会遇到竞争性环境。比如说我们一个班级要派一个儿童去参加数学竞赛，名额是有限的。如果第一名压根就没在这个班，我就是第一；他在了，我就没有办法出线，这就叫竞争性环境。极端的竞争性环境，就是零和博弈，就是有你没我、有我没你。我们知道生活有竞争的一面，但是生活更多的不是那种竞争，因为中国人口太多了，方方面面都需要人才。你不是跟你班上的同学在竞争。哪怕是处于一个竞争性环境，我们也要为他人喝彩。竞争性环境最重要的是什么？是我们敬畏游戏规则，公平竞争，在这种背景下，对别人的成就发自内心地欣赏，向别人学习就非常重要。假如你是一个球星，你遇到了一个更好的球星，而且你输给了他，你会作何反应？你不应该诅咒，希望他发挥失常，从来没有在这个世界上降生过。你应该想，因为他，你看到了自身的可能性，或者看到了自身的局限性，这本身就是一件幸福的事情。你不应该把赢球获得的奖金当成踢球全部的目的，因为他的存在你损失了很多的奖金，这个很遗憾，但是踢球本身其实重于奖金。而且生活是一种无限的博弈。在无限的博弈过程当中，不是说这一次失败了，就永久失败了。在无限博弈的过程中，重要的是提升自身成功的概率，这是问题的关键。

一所学校也是这样的。你希望这所学校里的老师比你强还是比你弱？你要去做鸡头，还是要去做凤尾？答案其实很显然：假如我在一所学校里，我希望这所学校有一批榜样教师，非常厉害，可能因为这一批榜样教师的存在，领导夸他们，外面看到了他们，镁光灯照耀着他们，我好像被边缘化了。但是我并不是因为他们的存在，我的能力就降低了，就减弱了。相反，因为他们的存在，我也水涨船高，我也成为一个更优秀的人。如果我换一所平庸的学校，我将一无是处。而虽然在一所学校里看起来蛮风光的，但如果我在另一所榜样教师很多的学校里，在若干年以后整体的能力大大地提升了，一旦我有机会去一所新的学校，我立马就能够从新的学校里脱颖而出。这样的一种思维方法，我觉得才是重要的。

最后，总结一下。苏霍姆林斯基也好，阿德勒也好，他们都有一些时代的局限性。他们的局限性就是对社会维度的过于强调。而我们今天面临的是"00后""10后"，面临的是更年轻的一代。对更年轻的一代，社会对他们的影响力没有原来那么大。他们其实是更自由的一代人。他们需要更自由地去处理自己在这个世界上如何生存，如何看待自己。甚至自尊心这个概念的重要性，我希望它随着时间的推移逐渐地降低。我希望有一天我们的儿童可以说：我对整个世界是友好的，我也遵守游戏规则；但是我的人生我做主，我说了算，我定义它。

第二讲　评分

大家好，今天是苏霍姆林斯基教育学的第二讲，讨论评分的问题。

其实，评分的问题也可以看成是一个评价的问题。大家都知道评价的问题非常重要。一般来讲，我们老师总在思考我们怎么评价儿童，学校在想怎么评价老师，教育局也在想怎么评价学校。在讲这一个概念之前，我们先要区分三个不一样的概念：评价、评分和反馈。因为后面再用这些概念的时候，我可能会混合着用评价、评分这两个概念。

评价、评分和反馈，它们是有区别的。我们一般在讲到评价的时候，其实包含了评分。评价不只涉及学业，往往也涉及对人的评判，包括对人的行为的评判。我们一般在讲到评分的时候，主要指的是跟学业发展相关的评价，所以当我们在学业领域里讲评价的时候，其实讲的往往就是评分。但为什么在学业领域里，我们很少用苏霍姆林斯基说的评分而用评价呢？因为学业里的评价，不一定是以分数的方式呈现的，有时候是量化的，有时候是一种质性评价。不管怎么讲，评价不只包含评分，它不只跟学业相关；但是评分主要是跟学业相关。而反馈可能针对人，也可能针对学业，它往往是我们在日常教育教学过程当中随时随地发生的。这是先把三个概念作一个区分。

一、评价

关于一般意义上的评价——不是学业领域的一般意义上的评价——《被讨厌的勇气》这本书里有一段话很触动我,先跟大家分享一下。

其中有一个哲学家跟年轻人有一个对话,哲学家说:

是的,最重要的是,我们不应该去"评价"他人。评价别人的字眼都是来自于纵向关系。如果构筑横向关系,所说的应该是更坦诚的感谢、敬意和喜悦。

他后面紧跟着说:

获得称赞,是由别人那里得到"好的"评价,所以是用别人的标准决定该行为的"好"或者"坏"。如果想获得称赞,就必须合乎他人的尺度、局限自己的自由度。另一方面,"谢谢"并不是评价,只是单纯地表达感谢的词汇。人在听到感谢的话时,就明白自己是对他人有所贡献的。

这是从哲学的角度来讨论评价,我觉得特别有价值。为什么呢?因为生活中充满了评价。比如我们在网上买东西就要评价商品,甚至要评价商家。教育领域也一样:谁上清华北大,谁上蓝翔技校,也要进行评判或者叫评价。但是,评判意义上的评价是非教育学的。比如说选拔性考试,谁上好一点的学校或者差一点的学校,它是非教育学的。它通常是外部行为。比如说教育局要评价老师,这个是外部行为。它有自己的目的和意义。

但是我们在学校的内部有必要评价吗?我觉得是要打一个问号的。至少我个人认为,我们跟儿童是教育关系,我们同事之间或者同学之间是伙伴关系,我们要尽可能地减少,甚至要杜绝评价。

当然,这里的评价指的是评判,这也是我们一直希望在教育中减少表扬与批评的原因,除非你是在小学低段适度地运用。一般来讲的话,我们在教育关系中应该减少表扬与批评。因为表扬与批评在本质上是一种纵向关系,它是以不平等为前提的。

这个结论其实很多老师很难接受,我们教育不就是要对儿童进行表扬与批评吗?但如果我们在一个更深的层面,比如心理学、哲学的层面来深究的话,我们很多时候对儿童的表扬与批评,不是教育行为,更多的是一种管理行为,是一种操纵行为。在管理中,表扬与批评是有存在的价值的。比如说在学校这个系统中,假如有老师旷课或学生作弊,这在本质上就是一个管理问题。管理往往关乎着评判。

但是我们更多面临的不是管理问题,我们学校的老师基本上都是勤勤恳恳、非常敬业的,管理问题并不多。学校里更多的问题并不是管理问题,而是学术问题,是教育问题。比如说老师的专业水平参差不齐、风格各异,这时候管理就没有意义。因为它是一个专业问题,是一个发展问题,是一个教育教学问题。这个时候,一味地运用评价可能就会带来很多负面作用。比如说哪个老师期末庆典做得特别好,或者童话剧演得特别好,或者学科教学发展特别好。每学期都有人来参观访问,看他的期末庆典,看他的童话剧,这也极大地提升了学校的声誉,我们要评价他吗?给他发奖金吗?当然不需要,我们要表达的是什么?其实就是坦诚的感谢、敬意和喜悦。

我做校长的时候,我们学校里当然也有榜样教师。榜样教师有一些地方做得特别出色。那么,他在做得特别出色的时候,我的第一反应是什么?其实就是发自内心地喜悦,我对这个老师就增加了敬意,我也会向他表达感谢。当这样做的时候,你会发现我们跟老师是横向关系。就是老师所取得的成就赢得了我们的敬意,我们为这样的同事感到骄傲,而不是评判。评判意味着什么？意味着校长高高在上，"你做得还不错"。其实你想一想，你作为一个校长，你跟老师只是分工不同，角色不同，哪有高下之分？我们在管理上有权力大小，但是在另外的地方你能够说一个平庸的校长比一个好的老师更值得肯定吗？肯定不是这样的。

我们把这个原则迁移到一间教室里面呢？如果我们形成一种新的文化，我们就会发现面对儿童的时候，其实也无需表扬和批评。如果儿童做得好，我们老师会开心，会欣赏，会跟儿童分享。如果儿童做得不好，我们会反馈跟进，帮助协商解决。只有极少数的情况才需要聚焦人或者态度本身。这个时候其实我们的干预就像吃药一样。但是正常情况下我们应该吃饭，不应该吃药。现在很多时候的教育，把吃药当成了吃饭，而且把它合理化。这个我觉得才有问题。

只有当我们不再把很多的时间用来评判儿童，当然包括学校里评判老师，这样的教育，儿童才有放松感，这样的学校，老师也才有放松感。老师放松了，虽然工作压力很大，但心情是舒坦的。这个工作压力没有多少内耗，更多的是解决儿童的问题，并在解决儿童问题的过程当中，我们的能力增长了。这个理解我认为很重要。

评价过多、评价不合理，其实是我们今天教育中非常大的问题。理解了这一点，再来看评分，或者我更多地用测评或者评价。

二、评分

接下来聚焦的不是道德人格领域里的或者管理理念里的评价了，我们更多的是谈教学领域里的评价。

我们要区分三种评价或者说三种评分、三种测评。

第一种评价或者叫评分，指的是日常测验。单元测也好，每一课的过关也好，这是日常我们对儿童学业成绩的检测。我们主要讨论这个。第二种是标准化考试，还有一种是选拔性考试。这是三个不同的逻辑。

这里面的逻辑大家也非常清楚，日常测验主要是一种检测功能或者说反馈功能。我们要通过日常检测找出儿童学习的漏洞，帮他进行补充学习，或者对他的学习进行必要的矫正。而标准化考试主要起一个达标的功能，比如我们的会考，它是标准化测评，要求所有的儿童都达到某个标准。比如说课程标准，基本上大半儿童都能过关，否则就成为教学事故了。而选拔性考试，它的功能主要是筛选。好的初中是有限的，好的高中是有限的，好的大学是有限的。在这样的情况下，我们只能够进行筛选，把一部分儿童筛选出来，根据儿童的实际能力匹配不同的学校。

从逻辑上来讲，学校老师的核心任务是什么？是帮助学生通过标准化考试，还是选拔性考试？毫无疑问，我们学校的功能主要是完成标准化考试的要求，帮每一个儿童学业达标。所以，你看在日本、韩国很多学校，应对选拔性考试的任务往往交给校外辅导班，因为学校是承担国家规定的任务，帮每一个儿童达到学业标准。至于儿童考清华北大或者考什么，不是学校的事情，是家长的事情，是儿童的事情。标准化考试是老师的事情，选拔性考试是儿童的事情。因为选拔性考试是零和游戏。从国家的角度来讲，不是这个儿童上清华，就是那个儿童上清华。这对国家来讲没有什么问题，但对家庭来讲任务就重了。也就是说，这是家庭的任务、家庭的课题，不是学校的。

但是，应试教育其实是把选拔性考试变成了学校的任务，同时也变成了老师的任务，也变成了评价一个老师、评价一所学校的尺度。这不符合逻辑，但这是我们面临的处境。我们学校教育也得应对这一挑战。一旦学校教育要应对这一挑战，我们就要在标准化考试（就是为了每一个儿童）和选拔性考试（尽可能让更多的儿童上更好的学校）这两种相互冲突的目标当中寻找平衡。

这个逻辑清楚以后，我们就不至于把学校所有的教育全部异化成选拔性考试。它的危害非常明显。一将功成万骨枯，一所学校给名校送了多少儿童，它成为名校的标识。但是那些没有上名校的儿童，谁为他们的未来负责？他们应该经历怎样的学习？这是我们学校教育应该考虑的。

我们刚才把学业领域里的评价分为了三类。接下来主要讨论的是第一类，日常测验。后面两类，我们会有一点涉及。

关于评分的问题，苏霍姆林斯基在《给教师的建议》第13条对这个问题有一个专门的回答。这个回答很简短，但是信息量很大。他主要讲了四点。第一点，他说评分宁可少一些，但每一个评分都要有分量，都要有意义，就是评分不要多。第二点，他说如果儿童由于这样或那样的原因和情况而没有能力掌握知识，他是从来不打不及格分数的。如果儿童感到没有努力的方向，觉得什么也不行，这对他的精神是最大的压抑。第三点，他说如果你看出儿童的知识还比较模糊，在他们关于所学的事物和现象的表象中，还有一些不明确的地方，你就根本不要给予任何评分。第四点，他说应当避免这样的问题，这些问题要求儿童准确无误地重复教师所讲的东西或者从书本里背诵的东西。

这是他讲的关于评分的四点意见：

不应当把知识的评定作为某种孤立的东西从教育过程中分离出来，只有当教师和儿童之间的关系建立在互相信任和怀有好意的基础上时，评分才能成为促进儿童进行积极的脑力劳动的刺激物。可以说，评分是教育上最精细的工具之一。根据儿童对教师所给的评分所抱的态度，我们就可以准确无误地作出结论，断定儿童对教师的态度如何，是否相信和尊重教师。我想就知识评定的问题向教师提几点建议。

第一，评分宁可少一些，但是每一个评分都要有分量，有意义。在我的漫长的教育生涯中，我教过中学教学计划里几乎所有的学科（制图除外），可是我从来没有凭儿童在一节课上的回答（甚至所提过的问题达2、3个甚至更多）就给儿童打分数。我给的评分总要包括儿童在某一个时期内的劳动，并且包含着对好几种劳动的评定——包括儿童的回答（也可能是好几次回答）、对同学的回答的补充、书面作业（不太长的作业）、课外阅读以及实际作业等。我用一段时间来研究儿童的知识，儿童也感到这一点。到了一定的时间，我就对他说："现在我要给你评分了。"于是又开始了研究他的知识的下一个阶段。这样儿童也很明白，他的任何情况都逃不出我的注意。也许读者中会有人提出疑问：难道教师能把这一切都记在头脑里吗？也许有些人会感到要把有关儿童脑力劳动的一切情况都记住有困难。但是我总觉得记住这些是一件最重要的事情。难道把值得注意的事情也忘记了，还能够对儿童在教育中进行教学，在教学中进行教育吗？

第二，如果儿童由于这样或那样的原因和情况而没有能力掌握知识，我是从来不打不及格分数的。如果儿童感到没有努力的方向，觉得自己什么也不行，这对他的精神是最大的压抑。心情苦闷和精神抑郁，这种情绪会对儿童的全部脑力劳动打下烙印，使他的大脑好像变得麻木起来。只有那种明朗的、乐观的心情才是滋养着思想的大河的生机蓬勃的溪流。郁郁不乐、情绪苦闷所造成的后果，就是使掌管情绪冲动和思维的情绪色彩的皮层下中心停止工作，不再激发智慧去从事劳动，而且还会束缚智慧的活动。我总是尽一切努力使儿童相信自己的力量。如果儿童愿意学习而不会学习，就应当帮助他哪怕前进很小的一步，而这一步将成为他的思维的情绪刺激（认识的欢乐）的源泉。

你在任何时候也不要急于给儿童打不及格的分数。请记住：成功的欢乐是一种巨大的情绪力量。它可以促进儿童好好学习的愿望。请你注意，无论如何不要使这种内在的力量消失。缺少这种力量，教育上的任何巧妙措施都是无济于事的。

第三，如果你看出儿童的知识还比较模糊，在他们关于所学的事物和现象的表象中还有些不明确的地方，那你就根本不要给予任何评分。在我所教的第一个班里，都有一个儿童，我对他的精神生活进行过精细的研究，我从他的眼光里就能看出，他对于我所提问的东西是否理解。如果这个儿童的眼光表明他还没有作好回答问题的准备，那么我就不评定他的知识——应当首先设法让儿童学会知识。

第四，应当避免提这样的问题，这些问题要求儿童准确无误地重复教师所讲的东西或者从书本里背诵的东西。在教育过程中有一样非常有趣的东西——我想把它称为"知识的转化现象"。这里指的是思维逐步深入到知识中去的情况，即当儿童每一次回头来看已经学过的东西时，都能在各种事实、现象、规律性中看到某种新的东西，研究和分析这些事实、现象、规律性的某些新的方面和新的属性及特点。应当把知识的转化作为复习的基础。关于这一点，拟另外提出单独的建议。

第一点，可能在中国的老师听起来有点奇怪。它讲的是，苏霍姆林斯基从来不根据儿童每一节课上的回答给儿童评分。这有一个背景，其实苏联虽然说教育研究非常先进，但实际上一线也是很僵化的，学校实践中评价是非常繁杂的，课堂上的提问随时都要打分，都要有记分册。

在苏联传统的教学体系和学校实践中，往往把分数与评价视为同义的，所谓评价，就是由教师对学生掌握知识、技能、技巧的水平进行名目繁多的检查、课堂提问、测验、考试，根据这种检查、提问、测验、考试的结果，给学生评定成绩，即打分数。学生必须随身携带人手一册的记分册，遇有上述情况，把记分册递给教师，由教师在相应栏目里填上教师认定的分数。学生每天都有好几个分数带回家，家长从孩子的记分册上可以知道，他今天书面作业得了几分，课堂提问得了几分，等等。(《阿莫纳什维利的实质性评价》)

对这种情况，苏霍姆林斯基就非常反感。你去看各个国家那些伟大的老师、著名的老师、非常优秀的老师，他们往往跟当时的教育习俗会有某种不和谐、某种对抗。

《第56号教室的奇迹》的作者雷夫，对美国关于阅读理解的标准化测评就很反感，他说他觉得阅读不能够这样去测评。在苏联的教育中，苏霍姆林斯基对那种评分也是反感的，有的时候只是不说而已。

澄清了这一点，我们根据苏霍姆林斯基刚才关于评分的观点，就可以得出关于评分的几条重要结论。我归纳为三条结论：

第一条结论，苏霍姆林斯基强调的是评分内在于教学过程。就是我们对儿童的检测应该内在于教学过程，而不应该外在于教学过程。

第二条结论，儿童没有能力或者还没有掌握知识，不应该进行评分。

第三条结论，应当更重视测评核心能力，而非背诵记忆。

这三条其实都违反了我们关于学业评价问题的一种直觉。它们跟我们今天很多实际在运行的东西，其实是不太一致的。

关于第一条结论，评分内在于教学过程。我要引怀特海在《教育的目的》里讲的话。怀特海说：

最好的做法，取决于以下诸项不可忽视的因素，即教师的天赋，儿童的智力类型，他们的生活前景，学校周围环境提供的机会以及与此相关的各种因素。正是因为这种原因，统一的校外考试是非常有害的。

这是他的一个观点。他认为统一的校外考试扼杀了文化的精髓。

他还说：

我们是在与人的大脑，而不是僵死的物质打交道；唤起儿童的求知欲和判断力以及控制复杂情况的能力，使他们在特殊情况下应用理论知识对前景作出展望；所有这些能力不是靠一条体现在各科目考试中的固定规则所能传授的。

怀特海也好，杜威也好，他们都反对统一的校外考试。校外考试肯定有它的必然性，那问题在哪里？问题就在于我们把这种考试当作了我们教育教学的全部目的。

我们再来看，怀特海接下来讲：

但是最后，如果你教的儿童要参加某种统一的普通考试，怎么实施完美的教学，就是一个非常复杂的问题。你是否注意过诺曼式拱顶结构弯曲的造型，古代的作品精美绝伦，现在的作品则丑陋不堪，其原因在于现代作品按精确的尺寸设计制作，而古代的作品则随工匠的风格而变化，现在是拥挤，古代是舒展。现在要是儿童通过考试，就要对教学的各个科目都给予同样的重视。但人类天生是一个适应并局限于一定生存模式的专门化的物种。某个人看见的是整个题目，而另一个人则可能只发现一些独立的例证。我知道在专为一种广博的文化而设计的课程中，为专门化留出余地似乎是矛盾的。但没有矛盾，世界会变得更简单，也许更单调。我肯定，在教育中只要你排斥专门化，你就是在破坏生活。

这一段话理解起来有一定的难度。怀特海在讲什么？他其实讲的是，每个儿童是不一样的；一个儿童未来走上社会，没有人去看他的考试成绩，我们会更重视这个儿童擅长什么；那么他擅长什么，就是跟他的生存模式相适应的一种专门化的技能。而学校的教育往往把所有儿童看成是一个模型，他们要进行的测评往往是标准化的。这样的话，个性教育就与标准化之间有一种矛盾。我们当然会用社团这些方式缓解这些矛盾，但没有消除也不可能消除。尽管如此，意识到这一点很重要。

怎么理解我刚才讲的评分内在于教学过程？评分内在于教学过程，背后是我经常强调的一条原则，我称之为"教测一致原则"。什么意思？谁为儿童提供教学，谁就有权利测评儿童。因为只有给儿童提供教学的这个人才知道儿童到底学了些什么。所以，这样的一种测评本身是教学完整环节的一部分，也是教师教学自主权的一部分。

比如说很多学校会实行考教分离，甚至阅卷也是分离的。三年级要考试或者初一要考试，就会让六年级的老师或者初三的老师来出题，然后阅卷的老师也不是你这个年级的老师。或者阅卷的时候，把试卷全部打乱，然后大家密封阅卷。这样的一种逻辑是为了确保什么？为了确保测评结果的公平。但是你要公平的测评结果干什么？它是用来评价老师的。

我表达的观点是，这样的测评越少越好。我们要把对老师的外部评价降到最少。从学校内部来讲，尽量不要这样去评价老师。教育局尽管抽考，该怎么考就怎么考，因为那不是我们能主宰的。在校内我们能主宰的情况下，不要用这样的方式去考儿童、评价老师。如果一个校长或一个年级主任，不知道哪一个老师教学是怎样的，还需要靠一种外部的测评来确保它的公正性，这是管理者的一种失职。

老师测自己的儿童，其实是最科学、最健康的。我认为老师自己测，结果更准确，因为他更了解儿童，测试的目的本身也是为了改进，他有让测试更精确的动机。

今天不管是哪一个年级组，要测评自己儿童的水平，我觉得要交给年级组本身。我们要相信年级组会自我负责——老师会用更好更科学的方式来评定今天儿童发展到哪一步，我们还要采取哪些工作。这是我讲的第一点：评分要内在于教学过程，外部评价要少。外部评价对我们的教育教学也有诊断和指导的功能，但是它不是学习的一部分，它是评价的一部分；学习更多的是一种内部的循环。这是我们讲的第一个结论。

第二个结论，说儿童没有能力或还未掌握知识，不应给予评分。那是不是说一定不用给予评分？当然不一定。大家知道它的原理以后，就可以灵活运用。关于这一点，苏霍姆林斯基在四条里面甚至讲了两条：

> 如果儿童由于这样或那样的原因和情况而没有能力掌握知识，我是从来不打不及格分数的。
>
> 如果你看出儿童的知识还比较模糊，在他们关于所学的事物和现象的表象中还有些不明确的地方，那你就根本不要给予任何评分。

看到这两条，有的老师会说这个儿童到底有没有能力掌握，或者说他到底有没有掌握，我怎么知道？难道不是通过测评我才能知道的吗？你怎么颠倒过来说？难道不应该是我测评了以后才知道他没有掌握吗？苏霍姆林斯基说：

也许读者中会有人提出疑问：难道教师能把这一切都记在头脑里吗？也许有些人会感到要把有关儿童脑力劳动的一切情况都记住有困难。但是我总觉得记住这些是一件最重要的事情。难道把值得注意的事情也忘记了，还能够对儿童在教育中进行教学，在教学中进行教育吗？

这话讲得很有力量对吧？他表达了什么意思？他说，我们作为老师，一个儿童有没有听懂，他的知识到了一个什么程度，我们难道不知道吗？难道我们要靠测评吗？难道我们理解这一点，不是最重要的事情吗？

其实，对有经验的老师来说，不用测评就知道儿童是一个什么情况。外部的测评过多，往往是机械教学的结果。这种机械教学往往建立在老师对儿童实际的学习情况缺乏理解的基础上。所以很多时候有些儿童长久落后，老师未必知道，至少知道得不是很清楚，家长当然更不知道。这才是问题的关键。

所以，我们要看到苏霍姆林斯基的洞见。苏霍姆林斯基认为，在教学过程当中，老师应该比较清晰地洞察每一个儿童的知识掌握情况，哪些没有能力掌握，哪些比较模糊；而这种洞察力本身就是专业能力的主要标志之一。老师是通过课堂上对儿童的观察，通过提问得到的了解，以及对儿童作业中的信息这些途径来获得这种洞察的。有的时候，课堂上儿童没有听讲走神了，没有经验的老师都没有注意到。

大家一定要意识到，这是个专业问题。我们要修炼洞察力，要把我们的注意力从我们对知识的关注转移到对儿童的关注。我们要去推进转型，而不能把它视为习以为常。同样地，你想一想，如果儿童没有能力掌握知识，你打不及格分数的意义何在？这个时候的不及格分数很容易成为对儿童的判定：你不行，你很差，你只能考几分。如果儿童一旦意识到自己不行，他就会丧失努力的动力。所以，当教师发现儿童没有能力掌握知识，或者知识掌握得比较模糊时，重要的不是评分，而是帮儿童克服困难，待儿童掌握以后再评分。举个例子，如果儿童的作业中出现严重的错误，说明儿童没有掌握，还比较模糊，你要督促儿童重新检查思考，必要时向老师或者同学求助。等儿童重新学习以后你再进行评分。

如果不这样的话，就会导致两种结果。一种是儿童看一眼评分，然后就扔在一边，反正自己就这水平。尘埃落地了，靴子落地了，无所谓了。另一种是儿童知道错了，考得很差，但是不知道错在了哪里，最终仍然无法深入地掌握知识。也就是说，你的低评分只是让儿童焦虑了，但是你没有帮助儿童去解决问题。这就是我们讲的"对人不对事"——只是聚焦了他，但是没有帮他去解决问题。久而久之，儿童就变成了为分数学习。分数高，他觉得很好很骄傲，其实他可能很多东西没有掌握；分数低，他觉得自己很差。我们把注意力放在评分上，激发的是儿童外在的积极性，但是对儿童容易构成打击。如果你把目的放在帮助儿童掌握上，你就激发了他内在的积极性。这是两种完全不一样的方式。

我举个例子。以前有个老师，她班上有一个儿童有阅读障碍症，被她识别出来了。怎么识别出来的？因为发现他听写生字不过关，100个生字，他听写到最后，最好的成绩也就能写对十几个，大半的生字他都不会写。遇到这种情况怎么办？如果一个生字一分的话，你会写十几个，就得十几分，儿童拿到这十几分，看到别的儿童拿到90多分甚至100分，他就非常受挫。在这种情况下，这个老师就改变了策略。比如说现在一张试卷，考了100个字，这100个字儿童大多数都不会，然后老师把这100个字中不会的字逐一地帮他订正，让他再去练。练完以后，再用这100个字去考他。这样几次下来以后，儿童把这100个字中大半的字都掌握了，成绩就考了90多分。儿童拿到90多分的成绩单回家，跟家长说的时候非常激动，可有成就感了。

但是一般老师很难接受，我们会觉得这个儿童就相当于反复在做一张试卷，一直做到他差不多过关为止。这不是作弊吗？其他的儿童第一次考可能考了80多分，你反复考考了90多分，这不是不公平吗？当我们这么去理解问题的时候，我们头脑里已经犯错误了。为什么犯错误了？因为我们忽略了测评的目的。

我们测评的目的是为了帮儿童掌握，尤其是这种过关类的。

比如，儿童一个学期要掌握多少生字，这些生字我们要过关，要进行专项检测——想到检测，不要老想的是整卷，更多的是专项检测。假如到了期末，儿童检测生字是100个，如果儿童达到了你认为的标准，他就过关了，过关了那就没有问题。如果儿童没有达到标准，比如说100个生字，写对95个是过关，他写对了80个，这种情况下你不要给他评分，他的测评没有结束。这意味着教学过程没有完成，然后你要把写错的20个字帮他识别出来，或者让他自己识别出来，然后让他假期继续掌握它们；并且告诉他，他觉得掌握了可以申请考试，或者老师到了某个时候会对他进行再次考试。或者开学来了以后，再去考这100个字，儿童可能就能够达到90多甚至100分，他过关了以后，这个分数才是他真实的分数，我们把这个分数填进去，这才是对评分的正确理解。评分是为了推动他学习，而不是为了排名。

一旦这个思维方式转过来，你不是在用排名去理解，你就把分数当成了儿童学习学到哪一步的一个参照系。这样的话，我们对评分的理解或者对教学评价的理解就正确了。所以我们理解这一点很重要。理解这一点以后，并不是说你一定不能给儿童打不及格分数，因为它是表面现象，更重要的是你要理解背后的原理，想清楚儿童在看到分数的时候他的感受是什么。儿童在看到分数的时候，他的感受应该是"我哪些知识点没有掌握"，而不应该是"我不行"。这才是问题的关键。

另外，我们更应该重视测评核心能力而非背诵记忆。苏霍姆林斯基在关于评分的思想里特别反对机械记忆。写生字也包含了机械记忆。我们怎么样去理解呢？

苏霍姆林斯基并不反对过关。否则他就不会讲第一套大纲，他就不会也强调对字词的一种掌握，但是掌握必须是基于理解的掌握。他在评分这一讲对这个问题的理解，可以用两句话来概括。

第一句话，知识清单很重要。其实我们讲知识清单更多指的是那种背诵记忆。这样的知识清单成为学校教育的主要内容，这是学校教育的悲哀，因为它是一种浅学习。学校的教育不能够把听写默写变成教育的核心内容，儿童一定要过关，但学校的教育更多的时候应该对理解本身进行测评，而不应该只围绕着死知识以应试为目的。

第二句话，核心素养的测评是个技术活，但它也是专业发展的关键之一。就是我们要学会测评，这就过渡到下一个话题。

我们前面主要澄清一个问题：测评是干什么的？测评是辅助教学的，这是我们老师的任务。对儿童进行评价不是我们的任务，是上面的任务。通过外部考试对学校、老师、儿童进行测评，是他们的任务。我们的任务是帮助每一个儿童快速成长，测评应该起到这样一个作用。在这种理解的背景下，我们怎样正确地开展学业测评，或者说怎样正确地评分，我再讲三点。

第一点，就是我们要处理好标准化测评、选拔性测评跟日常测评的关系。日常测评不能与标准化或选拔性测评同一，不能完全重叠，重叠是灾难性的。就好像说我们教学本来应该是按课程标准来教，但是我们在按考试大纲来教，这是悲剧，也不符合国家新课程改革的方向，日常测评不能够全部应试化。

日常大量的测评，本来应该是单项测评，全部变成整卷，全部模仿中考模型、小升初考试的模型、高考的模型，这有意义吗？有价值吗？其实浪费很严重。

比如说小说的海量阅读，中学的第二套大纲，怎么样去测？要知道，我们日常的教学是服务于所有儿童的,而选拔性测评是筛选少数儿童,它们是两个不同的曲线。我们的课程曲线跟考试曲线,或者说素养曲线与应试曲线,它们并不应该完全重叠,它们也不可能完全重叠。

初一如果就瞄准中考,肯定是灾难性的。包括小学中低段瞄准小升初都是灾难性的。哪怕对高年级的考试,也未必是好事情。在这个背景下,我们保持日常的测评,跟基于小升初或中高考的测评适当地拉开距离,我觉得是重要的。我们大量的测评都是为了教学,而不是为了考试,这很重要。它是间接地服务于考试,它不能够赤裸裸地直奔目的。直奔目的,往往效率很低,这是我们要注意的第一点。更重要的是第二点。

第二点,我们要严格遵守教测一致原则。就是我们要让平时的测评、平时的评分跟学科标准、课程标准高相关,跟课程计划高相关,这样的话,测评就是一个闭环,所以学业标准、学科标准很重要。因为标准就是我们要落实的,教什么考什么,要让所教跟测评完成高度一致。

假如我们做了《西游记》的整本书共读,我们可能有一些测评就跟它高相关。当然这个测评不一定指考试,写读后感本身也是一种测评。初一初二的测评,小学低段中段的测评,跟毕业班或者为外部考试而准备的学习,中间要有一个适度的界限。

第三点,就是测评方式的多样化,服务于教学内容的落实。测评不能够只是一张试卷,测评方式与教学目标、教学标准、教学内容是一体的。比如说阅读怎么测,口语交际怎么测,写作怎么测?不是所有的测评都依赖一张试卷完成,有的是质性的,有的是量化的,有的是统计的。我们在讲到课程改革的时候,意味着学校也必须同步开发相应的测评系统,这本身是一种创造。而且明确地讲它肯定会对考试产生积极的影响,肯定会支持考试,而不是相反。

这样的话,我们就能够在小学的中低段或者初一初二,为更高级的学习打下良好的基础,这样才能够提升一所学校的品格,提升我们课程本身的力量,这也是对儿童负责。

三、欠缺性评价与成长性评价

接下来我们再讲一讲两种不同的测评，一个是欠缺性评价，一个是成长性评价。

这两个概念大家很容易理解。因为现在大家都在讲成长性评价。所谓的欠缺性评价是从儿童的不足入手进行的评价，这种评价方式会聚焦儿童的欠缺，通过评分等方式不断地揭示儿童的欠缺，来督促儿童不断改正："你这里错了，那里不行！"成长性评价是把评价跟儿童的成长结合起来，让它成为一个不断发展的过程。

儿童没有掌握时不评分，努力掌握时评分，评分就对儿童具有激励作用，主要是让儿童在挑战学习困难的过程中感到喜悦。大家当然知道好的评价应该是成长性评价，而不是欠缺性评价。在成长性评价中，外在的标准只是参照物，更重要的和根本的是内在的成长。一个极度落后的儿童可能每次都是全班最后一名，但他一直在进步，甚至可能是比较大的进步，他就应该得到积极的评价，并有理由从老师的充分肯定中获得尊严。必要的时候，老师还要对他进行独立的测评，那么这种测评排除了那些他无力掌握的内容——就他无力掌握的内容对他进行测评，就是一种羞辱。

为什么有的班级中会出现大量抄袭，包括作业抄袭、考试抄袭的现象？因为儿童想要获得老师、同学、家长的肯定，想要获得尊严或者逃避惩罚。如果一个后进生连抄袭都不屑为之，那是教育中最可怕的情形。儿童之所以通过不诚实的学习方式获得这种感觉，一种情形就是原来基础不好，不管怎么努力都不可能胜过其他同学，索性放弃。如果老师只以分数论英雄，只重视排名，反正我得不到积极的评价，我努力的动力就消失了。另外一种情形就是老师对儿童的学习过程没有持续地关注和洞察，只关注最后的考试结果，儿童遭遇困难得不到及时的帮助，儿童懈怠了也得不到及时的督促。既然老师只关心成绩，我就在成绩上下功夫。

老师一旦看不到成绩，一旦不排名，就会很焦虑。我们要去思考焦虑背后的原因。

我打一个比方，我们在办一所私立学校的时候，因为第一任校长是王志江校长，第二任是我。我们在对待这个问题上会有一些差异。比如说王志江校长是反对对儿童进行排名的，所以儿童看不到名次，老师也不会把名次发给家长。名次、排名、分数这些情况，其实就是老师用作参照的。后来到我做校长以后，我认为家长作为儿童的监护人，有权利知道儿童考了多少分，以及在班级的位次，我认为儿童也有权利知道。我们怎么样去协调跟平衡呢？

在这个问题上，我的要求是，班级也好，学校也好，在任何时候既不公布排名，也不把排名作为对老师和儿童进行评价的手段。但同时，主要是中学，每个儿童、每个家长都能够知道自己或自己孩子的成绩和排名，但看不到其他儿童的名次。这样一方面保护了儿童，另一方面儿童看到名次以后，又知道自己在班上的位次，他有一个参照系。他考了倒数第一，他肯定也失落，但是我们不会在大庭广众之下去晾晒，也不会对他进行批评。相反，我们只是把它作为一个参照，让他理解他今天所处的真实的位置，不撒谎不欺骗，然后让他在这个位置上看到自己努力的方向。

老师之间也没有必要进行排名，所有老师都能够看到各班的数据。但是，我们看到数据是为了共同研究解决问题，而且老师跟老师之间有成绩差距是很正常的，因为生源不一样，还有阅卷命题一系列因素的影响，所以成绩很多时候不能反映全貌。我们只有在成绩差异过大的情况下才需要关注。关注也是帮老师研究解决问题，帮助老师成长，而不是对老师进行评判。

老师之间、同学之间，应该是伙伴，不应该制造压力与焦虑。如果我们用这样的逻辑去思考问题，作弊肯定就大幅度减少了。

针对这一点，《被讨厌的勇气》里有几段话，我想跟大家分享一下。

我觉得很有价值。

哲学家：好，我知道了。当我们在看别人的时候，往往会擅自以"自己心中所想象的理想模样"去塑造对方，然后再用减法给予评价。

例如把自己的儿童和一个"对父母的话言听计从、读书和运动都很认真、考进好大学、进入大公司"这样凭空捏造的模范生做比较，然后开始对自己的儿童产生满腹的牢骚。从理想中的一百分模范生开始不断扣分，正是不折不扣的"评价"观点。

换个方式，诚实看待儿童原有的样貌，不与人比较、对他的存在感到喜悦和感谢；不要由理想中的模样开始扣分，而是从零出发。这么一来，应该就能对于"存在"有所感受及表示。

年轻人：哼，您说的那是理想论吧。那么请问老师，难道连那些不去上学、不去工作，窝在家里的儿童，我们也要对他说谢谢吗？

哲学家：那当然。譬如是，这个窝在家里的儿童饭后主动帮忙洗碗，这时候父母对他说："这种事情不用你来，快去上学。"就是由理想模范开始扣分。这种做法将会不断磨损儿童的勇气。可是，如果可以坦率地对他说声谢谢的话，儿童或许就会感受到自己的价值，踏出崭新的一步。

我们保持了某种很高的标准，而且我们还觉得自己标准不高，因为旁边好儿童太多了，我们无形中就在评判。我们假如注意到每一个儿童从0起步，我们关注于儿童的进步，为儿童的每一个进步感到喜悦，而不是用一个标准始终在打压儿童，我们就拥有了一种成长性思维，我们就在用一种积极的方式去看待儿童。我认为这非常重要。我在教育教学过程当中，完成的本质的跳跃就是这一步。

我以前多次分享过，2004年我在成都一所私立学校带高一，带得很痛苦，为什么很痛苦？因为我觉得我全身心为学生好，但是学生的表现很糟糕，达不到我的期待。考试作弊、不认真学习、不遵守纪律，我看学生浑身都是问题；我就急切地用各种方式想要帮他们解决问题，结果很痛苦，而且跟学生产生了剧烈的冲突。一个学期以后我就开始反思。一年半调整，又过了半年，我跟学生的关系完全变了，从原来怕进教室到最后喜欢进教室。为什么？因为我意识到我原来是从县中模式出来的，我教的是所谓的火箭班，我给学生定了一个不切实际的标准。而且我只是用考试成绩看学生，我没有看到每一个学生的多样性，我只看到成绩这一个尺度。我是狭隘的，而不是学生。

当这方面转变了以后，我开始学会把学生本身作为标准去欣赏他们、理解他们。这个时候我就从他们身上看到很多优点，而且看到每个学生实在的进步，我看到学生哪怕成绩不够理想，但是内心深处是渴望进步的。我也看到今天他们的很多问题，他们是需要帮助，而不是需要指责。当我完成这一个转变的时候，学生跟我的关系发生了本质的变化，他们的进步更快了。

所以不要用评判的、单维度的、负面的眼光去看儿童，要积极地看教室里的每一个儿童。每一个生命，他此时此刻站在你面前，已经是一个奇迹，因为这是亿万分之一的可能，他已经是一个成功者。我们的目的是理解他、接纳他、帮助他做得更好。不仅如此，我们也要把这样的一种信念不断地传递给儿童。所以哲学家还说：

对，这两者之间是有很明显的差异。所谓的肯定自我，是明明做不到，却要暗示自己"我可以""我很强"。这种想法也会连接到优越情结上，算是欺骗自己的一种生活方式。

另一方面，"接纳自我"是在自己无能为力的情况下，坦然接受那个"办不到的自我"，而且尽最大努力朝目标前进，不欺骗自己。

说得更简单一点，对拿到六十分的自己说："这次只不过是运气太差了，我其实有一百分的实力。"这就是肯定自我。相对地，坦然接受只拿六十分的自己并思考："要怎么做才能离一百分越来越近？"则是接纳自我。

下面还有几段：

哲学家：大多数的儿童，在一开始都会想要表现得"特别好"。具体来说，像是听父母的话、在团体中表现良好，不论读书、运动或才艺都很卖力学习。想借着这样的行为得到父母认同。

可是一旦达不到"特别好"的状况，例如读书或运动遇到了挫折，就会转变成为"特别差"。

年轻人：为什么？

哲学家：不论是特别好还是特别差，它们的目的都是一样的。为了得到他人的关注，脱离"普通"的状态，成为"特别的存在"。完全就是为了这个目的。

他表达一个什么意思呢？就是所有的儿童都想要认同。我们今天看到的不听话的儿童，只是因为他已经走到绝路了。他努力过，但他失败了，没有人帮他。大家指责他，又希望他自己去获得成功。而且有的儿童再努力，也比不过班上的优等生，因为有天赋、有很多的因素存在。我们不能够让优等生的存在成为他的诅咒，我们要帮每一个儿童点亮自己。所以在这一点上，苏霍姆林斯基非常强调，他说：

教学和教育的技巧和因素就在于，要使每一个儿童的力量和可能性发挥出来，使他享受到脑力劳动中的成功的乐趣。这就是说，在学习中，无论就脑力劳动的内容（作业的性质），还是就所需的时间来说，都应当采取个别对待的态度。有经验的教师，在一节课上给一个儿童布置2、3道甚至4道应用题，而给另一个儿童只布置1道。这个儿童做的是比较复杂的应用题，而另一个儿童做的则是比较简单的。这个儿童在完成语言的创造性作业（例如写作文），另一个儿童则在学习文艺作品的片段。

在这种做法下，所有的儿童都在前进——有的人快一点，另一些人慢一些。儿童完成作业而得到评分时，从评分中看见了自己的劳动和努力，学习给他带来了精神上的满足和有所发现的欢乐。在这种情况下，教师和儿童的相互关心与相互信任相结合，儿童就不会把教师单纯地看成严厉的监督者，也不会把评分当成一种棍棒。他可以坦率地对教师说：某某地方我没有做好，某某地方我不会做。他的良心是纯洁的，他不可能去抄袭别人的作业或者考试时搞夹带。他想树立起自己的尊严。（《给教师的建议》第1条）

由此我们就知道评分跟尊严是高度相关的。我们也力求使父母懂得，对学业成绩的评定，并不反映对儿童道德面貌的评定。违反了这一点，我们就会给儿童带来很深的痛苦。我们很多时候把一个儿童成绩不好看成这个儿童是没有价值的。这是非常糟糕的一件事情。

我们力求使父母们懂得：对学业成绩的评定，并不反映对儿童道德面貌的评定。违背了这一点，会给儿童带来很深的痛苦，有时候甚至摧残他的心灵。把学科成绩的评分跟道德面貌的评价等同起来，是缺乏理智地追求表面成绩（分数）的结果。我们认为，不能容忍把一切都归结为一条简单化的结论——好分数就是好儿童，没有得到"应得"的分数就意味着这个儿童"不够格"。在这种奇怪的、缺乏教育学常识的观点里，没有把人看成是多种特征、品质、才能和爱好的和谐的统一体。

遗憾的是，这种观点已经渗透到许多家庭和社会生活中去了。当我看到许多文章里写道或者听到许多人说"三分"代表毫无用处的、很差的知识这种议论时，我就感到不胜愤慨。尊敬的教师同志们，你们应当坚定地对自己说："三分"——这是一种对于完全令人满意的知识的鉴定。顺便提一下，如果所有的教师都能用正确的观点来看待这些问题，那么谎报成绩的现象就会消失，因为现在有许多学校给不及格的知识也是打"三分"的，这会是一种令人遗憾的现象。还有，家长们也将不再要求自己的儿童做到不可能做到的事，因为并非所有的儿童都具有同样的能力：一个儿童很轻松地就能得到"五分"和"四分"，而另外一个儿童得到"三分"就是很大的成就。今天，当我们即将实现普及中等教育的时候，记住这一点是特别重要的。(《给教师的建议》第43条)

评价也好，评分也好，它的终极目的是让儿童学会自我评价。用今天的话来讲，就是元认知，是对自己学习过程的监控。

可以用四句话概括一下。

第一，必须努力使儿童理解评价标准。我们在教学的过程当中，儿童到底学什么，他的教学内容构成的评价标准应该是清晰的。

第二，评价必须建立在相互信任以及怀有好意的基础上，并且是激励的，评价不能是羞辱性的。

第三，评价必须不只针对结果，更是针对整个学习过程的反馈，这个过程性的评价也很重要。

第四，集体的教育气氛必须有助于个体自我评价的形成。这个今天没有讲，但是大家自己一想也能够想明白。必须创造越来越多的机会，让儿童进行自我评价，教师可对儿童的评价本身进行评价。

这几点，听起来容易，真做起来非常难。难在哪里？难在我们内在观念的一种艰难的转变。一旦完成了转型，你会发现师生关系不一样了。我们不但尊重了儿童，相信了儿童，让儿童获得了某种解放，我们教师在这个过程当中也获得了一种解放。我们也会从评价、被评价的囚狱里解放出来，更容易朝向一种幸福完整的教育生活。

第三讲
有意识记和无意识记

一、识记的两种方式

这一讲，我们要讲一组非常重要的概念：有意识记和无意识记。在讲这组概念之前，我们先看一下苏霍姆林斯基是怎么论述的。在《给教师的建议》第4条里，他说：

当然，全部工作都是建立在自觉地掌握教材的基础上。可是也不能不注意到，并不是一切东西都要解释的。我竭力做到是随意注意、随意识记跟不随意注意、不随意识记结合起来。

在这里，苏霍姆林斯基所讲的随意注意其实就是有意注意，随意识记就是有意识记，不随意注意就是无意注意，不随意识记就是无意识记。因为这个翻译很绕，所以很容易出现错误。我在后面讲的过程当中，就把它们替换为有意识记和无意识记。

在第69条里，他说：

不随意识记是智力发展的极为重要的条件。它能把脑力解放出来，用于思考，用于深入理解事实和现象的本质。不随意识记可以预防最大的弊病之一——死记硬背。我们的教师竭力防止儿童去记诵不理解的东西。数学老师在开始教一条新的定理时，先要努力使儿童理解构成这一定理的实质的那些因素：事实、现象、规律性之间的意义上的依存关系。儿童要解释他们是怎样理解这一条定理的。儿童对定理的含义思考得越多，定理就越容易识记。以理解为基础的识记是最牢固的识记。

这个地方大家就能够看到他讲到的无意识记和有意识记的一个区别。他在第4条里说"并不是一切东西都要解释的"，其实就是说有意识记往往是对知识的一种显性的思考，而无意识记更多的是一种潜意识的学习。

我多次强调，儿童在背诵记忆之前必须理解。比如说古诗也好，古文也好，有的老师习惯于让儿童先背诵下来，然后再去理解。这个步骤是错误的。我经常跟大家强调这个观点。虽然我们教材里面有大量需要背诵记忆的东西，但是背诵记忆的东西一定不要走捷径。

有的老师想，我可能这个学期要上某些古诗词、古文，假期的时候提前让儿童背下来，我上的时候就轻松了。千万不要这样做！我们一定要用一种更好的方式。儿童提前学是没有问题的，但是儿童的提前学必须建立在让儿童理解的基础上。比如说你让儿童把古诗词或古文，先逐字逐句地加以理解，再背诵，就会好很多。

在第64条里，他说：

我们力求这样来组织少年的脑力活动，以便使理解和掌握知识的过程跟知识的运用紧密地结合起来，使一些知识成为掌握另一些知识的工具。而兴趣、注意、知识的巩固性等，归根结底也是取决于这一点的。我们在课堂上留出时间，让儿童去独立地深入思考各种事实、相互关系、现象和事件，也就是实践中所说的巩固的实质。所谓巩固，不应当归结为教师讲完课后马上就提问儿童,而儿童就来回答老师的问题。在这种情况下,能够回答的还是那些最有才能的儿童,而中等的和头脑迟钝的儿童还需要对事实进行补充的研究和理解。其实能力强的儿童也是需要这些的。如果在很长时期内,他们掌握一切东西都很轻松,那么他们的智力才能就会变得迟钝。在进行这项工作的时候,我们并不把识记的目的放在首要地位。如果我们把儿童的精力用在让他们深入思考上,这正好就是在进行不随意识记。如果把全部精力长期用在记诵上,就会使儿童的智力才能变得迟钝。

苏霍姆林斯基在讲到无意识记的时候,会强调两个阶段。一个阶段,他强调儿童在精确地学一个东西之前,要接触大量的现象,这是一种潜在的学习。就相当于我们讲的预习、自学,或者之前大量的积累。另外一个阶段,他说不能够通过死记硬背去巩固,而应该通过对知识的运用去巩固。

在第 36 条里,他说:

可以采取的只有一条唯一的途径,确定随意识记和不随意识记之间的合理比例。假如我们把八年级儿童需要记住的教材数量用 x 来表示。那么,儿童就应当同时思考和理解多出好几倍的教材:$3x$。

这就有一点像我们一般讲的举三反一。我们既讲举一反三,也要讲举三反一。

他接着说:

同时,在有意识的背诵和识记的材料与只需要加以思考而不必专门识记的材料之间应该保持一定的联系——不一定是直接的联系,但是最好是与问题相关的联系。例如,在解剖学和生理学中学习人的神经系统。这一部分里有许多完全新的东西。几乎全部都是应当记住的。为了不致把学习变成死记硬背,请你推荐儿童阅读一些关于人的(关于人体的各系统、关于神经系统、关于著名学者研究的)有趣的书籍。儿童在阅读这些书籍时并没有抱定要识记的宗旨。但是其中有许多东西会被记住。这完全是另一种识记——不随意识记。它在本质上区别于对教科书材料的有意识的识记和背诵。这种识记建立在浓厚的兴趣、思考和读得入迷的基础上——在这里认识的情绪因素起着很大的作用。不随意识记有助于使人的思想活跃起来。人的思想活动越积极,他的随意识记就越发达。他保持和再现大量材料的能力就越强。如果一个人思考过的材料比教科书要记述的材料多好几倍,那么再照教科书去识记就不会是死记硬背了。这时候的识记就成为有理解的阅读,成为一种思维分析过程。多年的经验使我深信,如果有意的、随意的识记是建立在不随意识记、阅读和思考的基础上,那么少年们在学习教科书的过程中就会产生许多疑问。他知道得越多,他不理解的地方就越多,而不理解的地方越多,他学习教科书的正课就越容易。

要建立不随意识记和随意识记之间的合理比例。这件事情首先取决于教师。作为科学基础学科的教师,你不应当是单纯的知识传授者。你还应当是青年的思想主宰者。通过你的讲述和对新教材的说明,就应当用火花去点燃青少年的求知欲、好奇心和渴望知识的火药。少年听完你的讲课时,应当怀着强烈的愿望想去读一读你顺便提到的某一本书。他应当念念不忘这本书,无论如何都要找到它。

这一部分讲得就非常清楚——随意识记和不随意识记,或者叫有意识记和无意识记之间,应该保持一个比例。三倍只是给大家一个直觉,并不是说一定是三倍。无意识记所占的比重越多,有意识记学起来越轻松。因为你的背景增加了,你学着就变得相对轻松,变得相对容易。

如果我们紧紧扣着教材,儿童必然越学越累。如果我们在教材之外还有数倍于教材的材料,儿童学起来就越来越轻松。比如对语文来讲,为什么要增加阅读量,而不是把简单的课文上好,把每一篇课文都背下来呢?

那如果是历史、地理、政治、英语呢？如果是综合学科呢？物理、化学、生物呢？大家马上就可以想象一下。我们在课程上，应该作哪些调整？在这个意义上他还讲："我们分析了各科的教学大纲，定出那些必须保持在记忆里的知识的范围"。他列举了："公式，法则，规则，米制单位，正字法规则，对物质、植物、动物一般特点的说明，地理术语，地理客体在地图上的位置，等等"。

这些知识，既通过专门的记诵，也要在实际的作业、应用的过程中加以识记。为了记住乘法口诀表，我们有特制的数学箱，用它来识记是一种有趣的游戏。为了记住地理上的课题和距离，我们做一系列的游戏——沿着地图"旅行"。在教学试验园地上，我们按照这样的顺序来选择植物，使儿童由照料一种植物过渡到照料另一种植物时，要求回想起保持在记忆里的某些重要的植物特征。所有这些都是为了给不随意识记创造条件的手段。而不随意识记的重要意义是已经被科学证实了的。不随意识记是减轻脑力劳动的一条极其重要的途径。那么，不随意识记的效果取决于儿童在认识某一理论问题的过程中所完成的是什么样的脑力劳动。例如，假如儿童听过了一个关于物质构造的有趣的报告，读过一本引人入胜的书，那么这就为他以后在课堂上学到这种教材时，创造了不随意识记的条件。我们力求使许多概念能够通过不随意识记的途径进入儿童的记忆。儿童不通过专门记诵而获得的知识越多，那么他在记诵那些非经记诵就不能识记的东西时，就越容易记住。（《给教师的建议》第69条）

这一段话基本上说明白了。他还解释了一种现象：

许多教师很熟悉，教育工作实践中常常遇到这样的一种乍看起来令人费解的现象。儿童的年龄越增长，他在学习上感到的困难越大。一些儿童一年一年地升级，而学业成绩却逐年地下降。有些儿童在小学里是优等生，而到了中年级却变成学习差的儿童。我们的观察证实，在绝大多数情况下产生这种现象的原因在于儿童不会运用概括性的概念去认识周围现实。而儿童之所以不会运用，又是因为他们的概括性的概念、结论和判断，不是通过研究事实和现象的途径形成的，而是死记硬背得来的。如果概括性的结论不是从生活实践中抽取出来，不是建立在分析事实的基础上，那么识记和背诵它们的结果就是，儿童并不能运用他们花了许多劳动而得来的知识。于是出现一种荒诞的现象：儿童储备的知识越多，往后的学习反而越困难。而如果概括性的结论不是死记硬背，而是通过分析事实和现象有理解地抽取出来的，那么情况将会完全不同：儿童的知识范围越广，学习起来就越容易。在儿童第一次所接触的东西中，有许多用不着深入分析细节就可以理解。因为一些事实之间的新的相互联系，对他来说，只不过是已经熟悉的某种概括性原理的某一方面的具体化而已。(《给教师的建议》第65条）

通过刚才这些话，大家已经看清楚了，苏霍姆林斯基认为，两种认知方式、两种学习方式必须结合起来。如果只有精确学习，只学教材，那么儿童的学习越来越累。

二、无意识记

我们讲有意识记和无意识记，其实重点是什么？是无意识记，而不是有意识记。我们在讲两套大纲的时候，重点讲的是第二套大纲，原理类似。所以这一讲，核心概念不是有意识记，是无意识记。到底什么叫无意识记呢？

大家思考一个问题，我们假设一个0到6岁的儿童，对他来讲，学习语言复杂，还是学习20以内的加减法复杂呢？对一年级的儿童来讲，学习语言复杂，还是学习20以内的加减法复杂呢？

我们知道学习语言的复杂性跟学习20以内加减法的复杂性，不是一个概念。语言是超级复杂的。语言里面有无数的组合，这个组合你是没有办法穷尽的。而20以内的加减法，100以内的加减法，无限数的加减法，其实并不复杂，是简单的一个运算规则反复运用的结果。你只要按照这个运算规则去操作，不管多大的数，你都能够把它算出来。

但是我们知道，对儿童来讲学语言好像很容易，他学说话也不需要父母是一个专业的老师。只要跟儿童对话就可以了，他很快就学会语言了。但是儿童很难学会20以内的加减法。那为什么非常复杂的语言，儿童可以轻松学会，而非常简单的加减法，儿童很难学会呢？

因为学习语言跟学习20以内的加减法，是两种完全不同的学习方法，是两种完全不同的认知模式。是怎样两种完全不同的认知模式呢？

最近人工智能很火，比如大家都知道的ChatGPT。很多人，包括比尔·盖茨等，都认为这个工具的出现，带来的是一个划时代的革命。为什么？因为ChatGPT背后的设计原理跟传统计算机是不一样的。

我们生硬地比附一下。可以说，传统的计算机的设计是建立在有意学习的基础之上，而ChatGPT的设计是建立在无意学习的基础上。在这里，为了方便大家理解，我扭曲一下。你可以这样去理解，ChatGPT的设计，更符合人的学习方式。

人最本质的学习方式就是无意学习，有意学习是随着大脑皮层的进一步发育后天发展出来的。人的学习是双系统的，我们的大脑内置了两套系统：一套是无意学习系统，一套是有意学习系统。无意学习系统，更自然、更符合人的学习模式。而有意学习其实更不自然，它是人类在进化过程中涌现出来的一种刻意学习。

我特别喜欢看中科院物理所的公众号，还有他们在B站的视频号。有一篇文章，给大家解释了ChatGPT背后的一种原理，其中提到了一种叫作贝叶斯定理（或者说贝叶斯公式）的算法。

那么，什么是贝叶斯定理呢？文章用了一个买彩票的例子来阐述。假设有一个抽奖箱子,里面装着标有从 0 到 9 不同数字的球,抽奖时随机弹出一个球,这些球的出现遵循一定的概率分布。如果我们记录这些球弹出的顺序,就得到了一组数据,比如 123456789(当然,实际数据会是随机的)。

如果我们已经知道这个箱子里从 0 到 9 这些数字球各自的出现概率,那么我们就可以根据这些概率算出一般人中奖的概率,这个问题在数学上被称为正向概率问题。

但是,如果我们不知道箱子里有哪些数字球,也不知道这些数字球各自的出现概率是多少,那么我们能不能通过观察无数次的抽奖结果,反过来推算出箱子里红球、白球(这里其实更准确地应该是说标有各个数字的球)或者从 0 到 9 这些数字球的出现概率呢?这个问题就叫作逆向概率问题,它要比正向概率问题难得多。

儿童是怎么学习语言的呢?不是成人先教他识字、语法,然后他组合起来。那样就跟学数学没区别了。儿童是在跟成人互动中学的。互动时,他模仿成人说话,模仿中慢慢掌握了语言。他不是先会语言再说话,而是说话中学会了语言。比如,我女儿小时候看到苍蝇飞过,她说"飞机"。这其实是知识迁移出了问题。我们就笑,然后告诉她这是苍蝇,不是飞机,飞机是怎样的。对儿童来说,这就是一次学习。

所以,儿童的学习是在自然语境中反复试错的过程。试错中,他的话不一定完全正确,但会越来越正确。这很有意思。

如果儿童有足够多的尝试,在周围语境中有足够多的表达,他的语言表达就会越来越规范,越来越接近正确。但他永远不会每句话都说对,这大家能理解。我们成人交流时也有很多病句,但不影响理解,没人去纠正。

这个理念是,从混沌中涌现出秩序,是一种健康的学习。我们学习的目的是在实践中解决问题,不追求每句话都说对。对计算机来说,这就是算法。算法通过大数据,目的是提高表达正确的概率,不是完全不犯错。

这跟传统计算机不一样，传统计算机除非输入出错，否则不会出错。大家看，这是两种完全不同的概念。

我们把这种无意学习形成的知识叫经验。经验是可错的，科学逻辑推理一般不会出错，但经验很重要。

理解这一点非常重要。它能帮助我们看清传统语言教学的问题。比如，中小学里那种病句题，真的让孩子头疼。我们让孩子花大量时间去辨析句子有没有语病，还把语病分成好多种类型。但这样做，对孩子在生活中减少语病几乎没帮助。其实，语病就是表达的一部分，孩子语病多，往往是因为表达欲望和表达能力不匹配，这正好说明孩子的语言在飞速发展。所以，病句题真的没必要，它试图用精确的方式解决语言训练问题，但对孩子语言能力的提升没帮助。

再举个例子，以前我们在罕台的时候，请了个英语老师。老师很认真，从儿歌开始教孩子英语。晚自习时，他一句一句教孩子唱英文歌。但后来，他跟校长说，教得太痛苦了，孩子学得也痛苦。为什么呢？因为孩子发音不准确，他怎么教孩子都发不准。他就说这批孩子基础太差。其实，问题不在孩子，而在教学方法。校长是干国祥老师，他说，别教孩子发音，发音不是这么学的。重要的是让孩子爱上英语，鼓励他们大胆唱，错了也没关系。你会发现，孩子刚开始唱英文歌时发音不准，但唱到30首左右时，发音就会有很大变化。这个变化不是老师教出来的，是孩子在潜意识里学习语言的结果，是无意学习。

当然，老师有时候还是要纠正孩子发音的，这没问题。但如果没有孩子大量的无意学习，只是教孩子发音，孩子能学会好的发音吗？很难。这就是无意学习和有意学习之间的关系。

在认知理论里，我们把学习分为内隐学习和外显学习。现在我们的学习，很多时候是在大脑皮层层面进行的外显学习，是一种刻意的加工。而另一种学习，就是内隐学习。这两种学习完全不同。认知心理学已经告诉我们，把这两种学习结合起来，效果才是最好的。内隐学习接近于我们说的无意学习，外显学习则接近于有意学习。

我再打个比方，知识的学习就像谈恋爱。每学一个知识，就像跟知识"结婚"。谈恋爱时，你对知识充满兴奋，这是一个学习阶段；而"结婚"后，知识就像左手摸右手，虽然没了新鲜感，但它已经成为你生活的一部分，自动化运行，变成你的一部分，即"我不知道我知道"的状态。

比如，你在高中和一群同学度过了三年，到了大学突然对某个同班女生有了好感，然后联系她，发现她也对你有好感，于是你们谈恋爱到结婚。这个过程往往非常顺利，成本很低。为什么？因为你们有三年的同学经历，这就是内隐学习的作用。

而如果这个人不是你三年的同学，而是完全不认识的，通过媒人介绍认识，目的非常明确地谈婚论嫁，这就是一种外显学习。这种学习很直接、很功利，但不稳定。

用维果茨基的话来说，外显学习就像在科学概念的水平上学习，而内隐学习则像在经验的水平上学习。如果你的经验支持了科学概念的形成，那么效果就是最好的。所以，两种学习都不可或缺，必须结合起来。然而，我们现在的教材学习，过多地注重了外显学习和教材，忽略了内隐学习，导致学习效果不佳。这样一讲，相信老师们会更清楚一些。

三、无意识记与有意识记的关系

无意识记（内隐学习）与有意识记（外显学习）如何有效结合？这就是怀特海所说的"浪漫—精确—综合"，也是我们常说的背景与焦点。

我今天引用了很多概念，包括维果茨基的日常概念与科学概念、怀特海的"浪漫—精确—综合"，以及内隐学习与外显学习。其实，这些理论都是基于对人脑和经验形成的相似洞察，只是用不同的语言表达而已。

存在关系先于认识关系，哲学和宗教上也有这样的对峙。比如《圣经》中的《旧约》更强调存在关系，《新约》则更强调认识关系。心学强调存在关系、内隐，理学则强调认识关系、外显。人的大脑边缘系统和大脑皮层就是一个双系统，直接影响了我们的认知。

那么，无意识记对教学有什么启发呢？

首先，看儿童如何学习识字。我们强调在阅读中识字，要把在阅读中的浪漫识字和语文教材中的精确识字结合起来。为什么？因为识字是双系统的，要把浪漫识字和精确识字、自然识字和精确识字结合起来。只有教材上的精确识字，儿童学得很痛苦，识字不健康、很机械，难以运用。

其次，看儿童如何学习阅读。你能仅仅通过讲语文要素就让儿童学会阅读理解吗？不可能。必须把海量阅读与教材中的精确阅读结合起来，而且海量阅读的量要足够多。我们在海量阅读和精确阅读之间植入了整本书共读作为综合课程。

再次，看儿童如何学习写作。我们为什么要讲自由写作？自由写作的本质是道德人格课程，是与外部世界进行对话和表达的工具。自由写作是内隐、无意的学习，而精确的写作教学是外显、有意的学习。介于两者之间的是文体写作，如论文写作、演讲稿写作。

对于理科知识的学习，逻辑也是一样的。我们要清楚几点：

1. 概念不能直接授予，尤其是大概念。70%的学习要通过实践，20%要对实践作出反馈（教研），只有10%是直接授予概念。

2. 概念必须有大量的高品质材料作为前提。就像鱼必须在水里，我们才能观察它的功能一样，概念也需要在大量的材料中，我们才能理解其用途。

3. 概念不是一次形成的，而是混沌中涌现生成的建构过程。

希望这些观点能对大家有所启发，帮助大家更好地理解和应用内隐学习与外显学习的结合。

我们最后再来思考几个问题。

第一个问题：为什么教师觉得讲得很清楚了，但儿童一做作业就错？

这其实是我们老师经常遇到的困惑。很多老师会觉得儿童很笨，明明讲得很清楚，但一做作业就出错。但仔细想想，这真的能怪儿童吗？其实，儿童缺乏相关的背景知识和经验积累，所以即使老师讲解得很清楚，他们也可能无法理解。就像我们成年人，有时候去银行办事情，连表格都容易填错，因为表格里有很多专业术语我们并不熟悉。这告诉我们，概念不能直接授予，儿童需要通过大量的无意学习来积累经验，才能真正理解新知识。

第二个问题：为什么小学要强调大量阅读，中学要强调第二套大纲？

在发展过程中，老师和学校往往面临很多压力，导致我们倾向于采取应试策略，在精确过关上花费更多精力，却忽略了内隐学习或无意识记。但我们要意识到，有些学习是不能省略的，比如儿童的海量阅读。阅读不仅能增加词汇量，培养语感，还能提高理解能力。对于中学来说，第二套大纲同样重要，它要求我们在教材之外，拓展学生的阅读范围，增加知识储备。无论是语文的整本书共读，还是自由写作，都是内隐学习的重要方式。

这对我们的英语和数学学科也有很大启发。在外语学习中，我们要思考儿童需要什么，如何保持他们的兴趣，刺激他们的内在经验。内隐学习形成的知识是默会知识，对儿童的学习至关重要。对于数学来说，内隐学习则是指儿童在无意中学到的数学知识，比如通过游戏、实践等方式积累的经验。

对于中学，第二套大纲更是必不可少。除了教材，我们还需要为儿童提供必读书、选读书，甚至是共读书，以减轻教材学习的压力，促进深度学习。这也是为什么我们要做少年读书会，目的是让儿童在阅读中成长。

类似的原理在道德人格领域也同样适用。当我们强调师生关系，建立润泽的教室时，我们其实就是在强调内隐学习和无意学习。共读、共写、共同生活，都是内隐学习的重要方式。如果我们只是简单地制定规则，然后惩罚不遵守规则的儿童，这样的管理行为是粗暴的。我们需要帮助儿童真正理解规则，建立道德气氛，这样道德教育才有根基。

当我们意识到内隐学习这一大概念时，它会照亮我们的教育教学。很多模糊不清的东西会变得清晰。当然，我们对内隐学习的理解才刚刚开始，还需要漫长的学习和练习。但这一概念本身是非常重要的。

最后，我想强调的是，我们要更重视课程而不是教学技术。用课程超越教学是必由之路。把每一节课都按公开课的标准去讲，并不一定能带来好的效果。相反，通过整体课程的设计，我们可以带给儿童更多的力量。同时，将有意学习与无意学习、内隐学习与外显学习结合起来，课程才会有节奏。这样的节奏不仅存在于一天之内，也存在于一节课、一个学期、一年甚至整个学习生涯中。

所以，我们需要用更长的耐心和更大的信心去穿越时间，去理解教育的真谛。我们要不断地向下扎根、向上开花，相信种子，相信岁月。

第四讲

思维课

今天,我们要探讨一个对小学低段教育极具启发性的重要概念——思维课。在深入讲解之前,让我们先回顾一下苏霍姆林斯基关于这一概念的经典论述。在接下来的几讲中,我都会尽量以原文为起点,确保大家能清晰理解苏霍姆林斯基对思维课的深刻见解。他是这样讲的:

我竭力要做到的是,让儿童们在没打开书本去按音节读第一个词之前,先读几页世界上最美妙的书——大自然这本书。在这里,在大自然当中,有一个想法是特别明确和清楚的。我们教师与之打交道的是自然界中最娇嫩、最精细和最敏感的东西,那就是小儿童的大脑。当你想到大脑时,就要想象这是一朵挂着露珠的娇嫩的玫瑰。要做到摘下花朵而又不使露珠被抖落,需要多么地小心谨慎。我们时时刻刻需要的正是这种审慎态度,因为我们接触的是自然界最精细、最娇嫩的东西,正在成长的机体身上会思维的物质。

儿童用形象进行思维。例如说,当他听老师讲一滴水旅行的故事时,便在自己的想象中描绘白色的滚滚晨雾。乌黑的语言、浓浓雷声和淅淅的春雨。他想象的这些景象越鲜明，对自然规律的理解就越深刻。他脑子中娇嫩敏感的神经元还不够强壮，要发展和加强它们。

儿童在思维……这就是说他大脑半球皮质的某一部分的神经元在感知周围世界的形象（图片、实物、现象、词语），并通过极精细的神经细胞，犹如通过交通渠道发出信息。神经元对这些信息进行加工、系统化分类、对比、比较，而这时新的信息又不断地输送进来，又要一再感知、加工。为了既能接受接踵而来的新形象，又能加工信息，神经元的神经要在极短暂的时间内，从感知形象瞬间转而去加工它们。

正是神经元的神经能量的这种神速转换，我们把它叫思维。儿童们在思考，儿童的脑细胞如此娇嫩，对感知对象的反应如此敏锐，以至于只有当感知和思考对象是可以看见、听见和可以触摸到的形象时，才能正常工作。只有当出现在儿童面前的形象，或者是直观的现实形象，或者是描述得非常鲜明，使儿童好像看得见、听得着、说得到的语言形象时，作为思维实质的思考转换才有可能进行（正因为如此，儿童们如此喜欢童话）。

儿童大脑的自然属性要求，对他的智力培养需在思维源头，即在直观形象中，首先是在大自然中进行，使得思维由具体形象向着这个形象的信息"加工"转换。如果儿童脱离大自然，从一开始学习起就只感知词语，脑细胞很快就会疲惫，以至无法完成教师布置给他的工作。然而，这些细胞确实是需要发展、增强和积蓄力量的。正是由于这个缘故，许多教师在低年级往往会遇到这样的情境：儿童老老实实坐在那里，两眼瞪着你，好像在注意听讲，可是一句话也听不懂。这是因为教师只管滔滔不绝地讲，而儿童需要思考规则，要解答算题，要解释例子。这些全是对事物的抽象和概括。没有生动的形象，脑子很疲劳。学习跟不上的情况便由此产生，这就是为什么要在大自然中发展儿童的思维，增强儿童的智能，这是儿童机体自然发展规律的要求。所以说，到大自然中去的每一次游览，就是一堂思维课，一堂发展智力的课。

我开始同儿童们进行到词语的源头去的"旅行",让儿童们看到美的世界,并竭力使他们从心底感受到词语的乐音。我力求做到使"词"对于儿童们不光是事物和现象的标记,而且还包含情感色彩——它的芬芳和细微差异。重要的是要让儿童们像听美妙的旋律那样去聆听词语,要让词语美和词语表达的那部分世界的美能引起对字母的兴趣,也就是对表达人的言语声音的那些花纹的兴趣。在儿童们还没有感受到词语的芬芳,没有觉察它的细微差异之前,就不能开始识字教学。如果教师教字,那就会使儿童陷入繁重的劳动。读写教学在下面这样的条件下才容易进行,这就是使识字对于儿童成为生活中鲜艳夺目、兴趣盎然、充满生动形象、声音和韵律的一部分。要儿童们必须记住的,首先应当是有趣的。(《把整个心灵献给孩子》)

这是苏霍姆林斯基关于思维课的论述。

大家会注意到,苏霍姆林斯基在《给教师的建议》里,很多地方就讲到脑科学。当然今天的脑科学比原来的发展要好得太多。我们已经知道思维并不神秘。它无非就是我们大脑、神经元的一种电化反应。这种反应越复杂、越密集,思维就越顺利地进行。

一、什么是思维课

那到底什么是思维课呢?苏霍姆林斯基给了一个定义:

所谓思维课就是生动地、直接地感知周围世界的形象、画面、现象和事物,并进行逻辑分析,获取新知识,进行思维练习,找因果关系。(《给教师的建议》第44条)

这个概念里,包含了两层意思。这两层意思,任何一层意思缺乏,都不是我们一般讲的思维课。

首先，它强调要让儿童生动、直接地感受周围世界的种种形象、画面、现象和事物。这意味着我们应该经常带领儿童走进大自然，让他们亲身体验和观察。对于低年级及学前儿童而言，真正的学校应当是蓝天下的学校。大自然中的奥妙、神奇和丰富变化，为儿童提供了最初思维的前提和材料，是他们进行思考的智力背景。你也可以称它为一种特殊的第二套大纲。你不能一上来就教识字，就教儿童抽象的概念。儿童跟现象没有足够的接触，他怎么进行灵活的思考？怎么进行生动的思考？

其次，思维课不仅要让儿童感受自然现象，更重要的是要引导他们通过观察产生问题，对自然现象中的因果关系进行初步思考。这不是简单的观光课，而是要让儿童在观察中感到惊异，产生认知上的兴奋，并尝试思考其中的因果关系。否则，就不能称之为真正的思维课。

思维课是儿童从具体思维向抽象思维过渡的开端。在这个阶段，儿童的思维还在很大程度上停留在直观阶段，尚未充分概念化和形式化。因此，思维课的两方面含义都至关重要：一方面，要让词语活起来，与活生生的形象建立起关联；另一方面，要防止机械的记忆和练习，让学习变得生动有趣。

如果儿童看到一个词语，头脑中无法浮现出生动鲜明的形象，那么学习就会变得枯燥无意义。他为什么生字记不住，诗歌记不住？他记不住的原因就是太抽象了。他的头脑中没有生动鲜明的形象。如果形象是生动鲜明的，儿童就容易记住。这并不是因为儿童智力不行，而是因为他们缺乏必要的背景知识和形象支撑。因此，作为教师，我们应该努力让课堂变得生动形象，与儿童的生命相关联，让他们在学习中感受到乐趣和意义。

我们做老师久了以后，对这一点肯定有深刻的认识，我们的课儿童喜欢，为什么？因为课生动、形象，跟儿童生命关联了。我们的课儿童不喜欢，因为我们讲得很抽象，我们的声音在空中像气泡一样漂浮，都进不到我们的心里，也很难进到儿童心里。总之，思维课的本质是让儿童重新理解词与物的关系，通过生动地感知周围世界和进行逻辑分析，培养他们的思维能力和探索精神。这是智育的起点，也是我们作为教师应该努力追求的目标。

二、思维课：重新理解词与物的关系

理解词与物的关系，以及概念与现象之间的联系，对我们深入理解教学具有至关重要的意义。若想摆脱机械教育与机械教学的束缚，就必须深刻洞察概念与现实之间的纽带，或者说词与物之间的微妙联系。这里的"物"，实则涵盖了广阔的现实世界。

在此，有三句话尤为重要，值得我们深入领会。

第一句话：词是对物的命名，更是对物的概括与抽象。换句话说，命名即概括与抽象。这一观点不难理解，但在教学实践中，我们却常常背道而驰。若教学违背了这一原则，便意味着我们可能并未真正领悟其精髓。如前所述，词既可指词汇，也可指概念。鉴于我们主要讨论小学低段教学，因此更多地使用词汇这一表述。词作为一种概括，并非直接指向客观世界中的某一具体事物，而是对该类事物的总体描述。

例如，当你看到一个苹果时，你说"这是苹果"。这里的"苹果"一词并非特指这一个具体的苹果，而是对苹果这一类水果的概括。这个具体的苹果，与"苹果"这个词之间并非简单的等号关系，而是一种包含与被包含的关系。也就是说，这个圆圆的、红红的（或黄黄的、青青的）东西，都被归类为苹果。苹果种类繁多，形态各异，但它们都共享"苹果"这一名称。因此，当我们说"苹果"时，实际上是在对苹果这一概念的物进行概括。

当然，在极少数情况下，词与物之间确实存在一对一的指称关系，可以画等号。比如，我叫魏智渊，这个名字就是对我个人的直接命名和指称，没有概括的成分。但这种情况极为罕见。更多的时候，词是对生活的广泛概括。如果儿童没有经历这样的概括过程，没有对大量类似事物的感知，那么这些词对他们来说往往是抽象的。

这也是我们并不完全反对使用识字卡片的原因。因为儿童在最初认知外部世界时，对于一些有生活经验支撑的概念，理解起来并不困难。比如苹果、梨、桃、香蕉等，儿童在生活中经常接触，因此学习起来相对容易。此时，识字卡片可以作为一种辅助工具。但需要注意的是，这样的名词和少量的动词只是冰山一角，更多的词汇，如副词、连词、形容词等，是很难通过这种方式学习的。

这些词汇的学习需要依赖于语境。比如"比较""比"等词，以及很多副词、连词，它们都是对关系的抽象和概括。如果儿童没有在生活中看到大量的这种活的关系，就很难对这些词进行概括和理解。因此，我们不能简单地将词语直接灌输给儿童，而应该在授予词语之前，让儿童对这些词语所代表的事物形成大量的形象感知，保持丰富的语感。

接下来，我们看第二句话：词义并非凝固不变，而是在语境中有边界地流动。以我这样的"70 后"为例，我们小时候学习词语时，常常需要背诵词语的解释，这些解释往往来源于《新华字典》。但今天看来，这种做法显得有些荒谬。因为我们已经明白，词典上的词义与词语在语境中的实际运用往往存在差异。词典上的词义为词语划定了一个边界，但在实际语境中，词义的运用却是有边界地流动。

比如，我们说"你这个同学不要太骄傲了"，这里的"骄傲"带有批评的意味；而换成另一个语境，"我骄傲我是中国人"，这里的"骄傲"则充满了自豪和荣耀。同样是"骄傲"一词，但在不同的语境中，其意义却大相径庭。如果我们让儿童死记硬背一个词的固定意义，并期望他们能在考试中复述出来，那么这种教学方式显然无法培养儿童的思维和概念理解能力。

儿童只有在无数的文本中反复遇到一个词，才能逐渐理解其深层含义。这种潜意识的理解能够刺激儿童的神经元，使其不断分裂、产生活力，最终形成某种认知结构。而且，在阅读过程中，儿童不仅能够学习到词汇，还能感受到潜在的思想或故事结构。这种综合的学习体验对儿童的认知发展至关重要。

最后，我们来看第三句话：词的学习一定是从物开始的。儿童在认识自然界的过程中，会产生命名的冲动和学习的欲望。当他们开始用语言表达对外部世界的认知时，学习就已经开始了。比如，儿童会问："妈妈，这是什么？那是什么？"这时，家长应该顺势而为，将字与生活中的现象建立关联，引导儿童进行自然识字。

自然识字与浪漫识字相辅相成。自然识字强调在生活中识字，而浪漫识字则更注重在语境中识字。随着儿童认知能力的发展，我们可以逐渐过渡到精确识字阶段。通过教材、绘本、长文挑战等方式，让儿童在语境中无数次地遇到一个字或词，从而减轻他们在精确识字阶段的压力。

在识字教学中，我们可以采用多种方法相结合的方式。比如，对于基础字，我们可以采用字源识字法，通过象形、会意、指示等方式帮助儿童理解字的构造和含义。对于形声字等大量存在的汉字，我们可以采用批量识字法，通过偏旁部首等规律进行快速识记。同时，我们还可以结合主题识字法，在特定的主题场景下引导儿童进行识字学习。

理解词与物的关系对识字教学具有重要意义。我们应该引导儿童从生活中学习词汇，在语境中感受词汇的魅力，从而培养他们的思维和概念理解能力。同时，我们还应该注重识字教学的多样性和趣味性，让儿童在轻松愉快的氛围中掌握更多的词汇知识。

三、儿童是如何学习概念的

下一个问题是，儿童究竟是如何学习概念的？

我们知道，概念只有在现象中才能活起来，儿童学习概念，关键在于将概念融入现象之中，使其生动起来。因此，儿童学习概念的本质，是从现象出发去探寻本质，而非直接从本质到本质。

以儿童学习加减法为例。儿童在学习加减法时，首先要理解其背后的意义。而加减法的本质，在于动作——合并或拆分。有些老师在使用教具如小棒时，过于关注教具本身，却忽略了动作本身的重要性。正确的做法是，通过动作来表达加减法，让儿童理解加法与减法的互逆关系。这些动作所展现的现象，正是我们日常生活中应用场景的具体体现。

实际上，数学学习并不是先学会加减法再去做应用题，而是从应用题出发，抽象出加减法的概念，再将其应用于新的应用题中。如果忽视了这一点，儿童在学习加减法时，往往只是机械地记忆计算程序，而未能真正理解其背后的动作意义。因此，设计合适的应用场景来刺激儿童，让他们在不同的参数、语言环境中抽象出加减法的模型，是非常重要的。

再回到思维课的概念上来。思维课强调的是生动直接地感知周围世界中的形象、画面、现象和事物，并通过逻辑分析获取新知识，进行思维训练，探寻因果关系。儿童在自然中看到各种现象，如花儿为什么红，树叶为何南密北疏，沟渠为何北面融化快南面融化慢等，这些都会激发他们的思考，促使他们去理解背后的概念。

苏霍姆林斯基的思维课理念，不仅适用于识字教学，更适用于科学等学科。儿童在大自然中观察现象，现象激发思考，思考带动对概念的理解。虽然学前和一二年级的儿童可能无法对各种概念进行精确理解，但这种初步的感受力和对现象的理解加工，是他们未来掌握大概念和因果关系的前提。

很多次我就在讲，儿童的科学学习不能从教材开始，甚至不能够从读科普作品开始。那为什么不能从读科普作品开始？

科普作品当然可以读，从《小牛顿科学馆》一直到那么多的科普著作。但是科普作品在儿童科学学习的过程当中，是辅助性的，不是核心性的。越早越是辅助性的。为什么呢？因为儿童学科学不是从书籍开始的。科普书籍跟儿童讲的，往往直接是结论，是经过验证的结论。儿童看多了以后，他就会知道很多东西，这是一种博学家，而不是一种思考，容易养成儿童对于知识的轻率态度。

换句话讲，对于儿童的科学学习来说，观察和实验远比从教材或科普作品开始学习更为重要。儿童学科学，更重要的是通过观察和实验来培养科学素养，产生探索的欲望和疑问。

然而，当我们强调将儿童带到大自然中去学习时，也要避免一个误区：并非只要带到大自然中，思维课就会自动发生。我们现在学校里都会有春游、秋游，有户外活动等。很多时候的户外活动，就好像监狱里放风一样。儿童被关得太久了，出去放个风。放风的过程中，儿童吃了、喝了、玩了，同伴之间交流了，跟老师的关系也融洽了，户外活动有很多功能。甚至有的老师会在户外活动里植入自我管理的小组合作这样一种功能。但是这些东西跟思维有没有关系？这些东西跟思维没有关系。思维课不是简单地把儿童带到大自然中去。它跟旅游是有本质区别的。旅游是一种娱乐、一种消遣、一种休息，它并不必然地导向发展思维。

思维课需要家长和老师的引导，将儿童的注意力引向细致的观察和对不易觉察的交集点的思考。老师要通过提问和互动，激发儿童的思考，培养他们的敏锐度。比如说看到火箭发射，有的儿童会自然思考为什么会这样，它到底是怎么上天的。但是对很多儿童来说，他们只是看了个热闹，不会产生那样的思考。所谓的思维课就是儿童一旦提不出问题，老师就刺激儿童；老师就提出问题，反过来问儿童。这样互动久了以后，儿童在看到大自然的时候，他就敏锐了，他就有可能提出问题。当然，这也对老师提出了要求，老师要具备丰富的自然知识，而且要具备一定的教育学素养。总而言之，我们要强调的第一个误区是，并不是把儿童带到了大自然中，思维课就发生了。

另一个误区是，不要将脱离形象的思维训练误认为是思维课。比方有一种专门针对思维的训练，会问你：一个别针有多少种用途啊？……这种思维训练往往非常精确，但是这种思维训练并不是我们讲的思维训练，而是一种形式化的逻辑练习，它作为一种辅助练习是可以的，但不是真正发展思维的根本方法。真正的思维发展不能脱离实践、具体的问题与任务。

此外，思维课也不是一种课程，而是一种意识。家长和老师应该具备这种意识，带儿童到大自然中去，鼓励他们自由观察和探索，与他们保持丰富而适度的交流。儿童年龄越小，思维课就应该越频繁。

最后要强调的是，思维课与情境教学也有本质区别。思维课强调的是活生生的、未经组织的自然现象，以及儿童自发关联的程度；而情境教学则更注重设计好的情境和精准的知识点。

思维课究竟是什么呢？在理解这一概念的过程中，我们需要全面审视儿童从出生到长大成人这一阶段的成长历程，从蹒跚学步到青春约会，逐步构建一个全景式的认知框架。同时，我们还需将思维与思维之外的因素相融合，实现跨领域的整合。通过持续地共读与思考，我们能够逐步勾勒出人的全面发展的蓝图。在这个过程中，不同的教育理论只是这个全景图中的一个个框架。

以儿童出生后的头几年为例，家庭与亲子关系无疑是这一阶段的核心。亲子关系既亲密又带有适度的疏离，既要给予儿童充分的安全感，又要学会适时放手，让其在成长中学会独立。这一时期，安全感是儿童发展的基石。随后，儿童开始探索外部世界，这也是思维课真正启航的时刻。在这个过程中，儿童的自我认知也在逐步形成。

探索外部世界的第一步往往是通过身体来实现的。儿童会仔细观察、尝试使用自己的身体，因此，动作可以视为思维的前身，观察与操作的重要性不言而喻，体育和早期数学的发展也与此密切相关。此外，游戏在这一过程中同样扮演着举足轻重的角色，尤其是艺术游戏，对于儿童的全面发展具有独特价值。我们需要在思维课与其他活动之间找到平衡。同时，语言也在这一过程中同步发展，包括大量的故事讲述以及词与物之间的关联建立，即浪漫识字和早期阅读教学，这也是思维发展的一个重要方面。

此外，儿童的社交能力也在游戏中得到锻炼和发展。无论在哪个阶段，发展的逻辑都遵循着螺旋式上升的原则。因此，我们的课程设计也应是螺旋式的，即"浪漫—精确—综合"的模式，以及"主题—形式—主题"的循环，不断深化学习内容。项目学习也是这一过程的体现。在小学一二年级及学前阶段，知识并非主要目标，而是自然而然地发展起来的。更重要的是，儿童需要在现象中去理解和体验。

以丁丁老师的童诗为例，他的创作灵感多源自现场观察，带着任务去观察，使他的言语思维与观察同步发展。这个过程对于儿童来说同样至关重要。

沿着这一思路，我们可以进一步延伸对思维课的理解。比如，我们可以探讨"思维课""阅读自动化"和"两套大纲"这三个概念之间的区别与联系。

阅读自动化是小学阶段的关键。它强调的是儿童通过大量阅读，从整体到部分再到整体地汲取文本中的结构，如故事模型、语法模型和思维模型。这一过程能够减轻儿童的认知负荷，发展其语感，即对文本的整体感知力。阅读自动化之前，儿童需要经历识字期，通过长文挑战等方式，在语境中理解字词，进而建立词与物的关系。

阅读自动化使儿童在阅读任何语言材料时都能快速建构起相关的语法、思维和叙事模型，从而减轻其工作记忆的压力。当儿童掌握了这一工具后，他们就能更高效地学习和理解新知识，这就引出了"两套大纲"的概念。两套大纲是思维课的高级阶段，它要求儿童用更丰富的现象和更抽象的概念去把握和理解世界，借助大概念和科学实验进行精确定义。

理解了整个认知发展的逻辑后，我们就能更好地分析儿童在不同阶段面临的学业负担问题。在学前和小学低年级，儿童可能觉得学习枯燥是因为内容过于抽象。这时，思维课就显得尤为重要，通过形象化的教学手段和实地考察，可以帮助儿童建立起词与物的关系，从而更健康地识字、掌握科学概念和数概念。

随着学习的深入，儿童可能会遇到读题困难的问题。这时，问题往往不在于识字量，而在于阅读自动化尚未完成，无法快速从文字中汲取意义。因此，推动阅读自动化成为解决这一问题的关键。同样地，两套大纲的原理也在于此，儿童需要足够的现象思考来支撑对抽象概念的理解。

在探讨这些概念时，我们还需要提及"无意学习"与"有意学习"。无意学习，也称内隐学习，是一种自然、健康、日常的学习过程，没有明确的目的和目标。这种学习积累的时间越久、数量越丰富、情况越复杂，就越能减轻有意学习的压力。有意学习与无意学习的结合，正是精确与浪漫的结合，最终导向综合阶段的发展。

在梳理这些概念时，我意识到可能需要补充更多具体的现象来帮助大家理解。但总的来说，教育教学中的大概念并不多，"浪漫—精确—综合"、最近发展区、认知负荷等都是核心概念。这些概念之间有着千丝万缕的联系，并被更大的概念所影响。

当我们真正理解了这些概念及其背后的逻辑后，我们的教学就会变得更加自由和灵活。我们不会再将思维课局限于小学一二年级，而是会根据儿童的实际情况和发展需求，灵活调整教学内容和方法。这样，我们就能更有效地减轻儿童的学习压力，提高教学效率和质量。

希望随着这十讲的深入，大家能够全面打通苏霍姆林斯基的所有相关概念，形成对教育教学更深刻、更全面的理解。

第五讲

两套大纲

第五讲的内容是两套大纲，或者叫两套教学大纲。这是苏霍姆林斯基教育学思想里非常重要的一个概念。那我们先看一下，苏霍姆林斯基是怎么说的。

教师感到时间不够用。首先是因为儿童学习有困难。我多年来都在思考，怎样才能减轻儿童的劳动，把识记技能作为掌握知识的基础。这还只是这个问题的开端。知识的识记和把知识保持在记忆里是这个问题的继续。我建议每一位教师，请你分析一下知识的内容，把其中那些要求儿童牢牢记住的和长远保持在记忆里的知识，明确地划分出来。教学大纲里有一些"关键"的知识，儿童的思维和智力的发展，运用知识的能力就取决于这些"关键"知识是否牢固。因此，教师正确地确定这些知识的能力就十分重要。这里所说的"关键"就是指反映本学科特点的、重要的结论、概括、公式、规则、定理和规律性。在有经验的教师那里，儿童都备有专门的本子，用来抄录那些必须熟记和牢固地掌握在记忆里的材料。

必须识记的材料越复杂，必须保持在记忆里的概括、结论、规则越多,学习过程的智力背景就应当越广阔。换句话说,儿童要能牢固地识记公式、规则、结论及其他的概括,他就必须阅读和思考过许多并不需要识记的材料。阅读应当跟学习紧密地联系起来。如果通过阅读能深入思考各种事实、现象和事物,它们又是应当保持在记忆里的那些概括的基础,那么这种阅读就有助于识记。这种阅读就可以称为给学习和识记创造必要的智力背景的阅读。儿童从材料本身出发,从求知、思考和理解的愿望出发而阅读的东西越多,他再去识记那些必须记述和保持在记忆里的材料就越容易。

考虑到这一条非常重要的规律性,我在自己的实际工作中始终把握住两套教学大纲:第一套大纲是指儿童必须熟记和保持在记忆里的材料;第二套大纲是指课外阅读和其他的资料来源。(《给教师的建议》第5条)

苏霍姆林斯基在其他的地方也多次讲过。他在《给教师的建议》第74条中说,我们要规定儿童第几学年、第几学季应该达到怎样的教育水平,应该掌握哪些内容。这其实相当于说我们要建立一个学科每一学期的学业标准。学业标准里会详细规定教学内容和评价方式。一份好的课程计划,就应该详细到这种程度。他在讲记忆思维和学习技能的时候(第68条),表达的也是这样的观点。

总而言之,什么是第一套大纲?

一、第一套大纲

第一套大纲,作为明确化了的真正的教学内容,也被称为关键知识。它涵盖了狭义的知识范畴,如字词、语法、公式、定律、规律、结论等;同时,也包含了更为广义的知识领域,即技能与技巧,诸如观察、思考、表达、阅读、书写等能力。

我们不妨进一步理解,第一套大纲在某种程度上与知识清单有着相似之处。特别是在"双减"政策实施后，鉴于儿童学习时间的宝贵与有限，知识清单作为一种有效的教学工具，得到了广泛应用。的确，知识清单本质上属于第一套大纲的范畴。

然而，问题也随之浮现。当前知识清单的研发过程中，存在着两大主要问题。首先，知识清单的内容往往未经严格筛选，可能是出于多方面的考量，导致清单变得冗长而臃肿，未能真正凸显出哪些是关键知识。这是知识清单在开发过程中遭遇的首个难题。

其次，知识清单在开发过程中还倾向于侧重死知识的堆砌，即侧重字词背诵、默写等基础性内容。即便是与教材阅读理解或教材内容紧密相关的知识，也往往被简化为陈述性知识，而忽视了对学生实际能力的培养与识别。因此，一个完善的知识清单应当不仅仅包含这些知识，更应紧密结合语文要素（对于语文学科而言）或其他学科的定理、公式、规律等，实现知识与能力的双重整合。

但无论如何，一旦我们明确了儿童的第一套大纲，他们的学业压力便有望得到减轻。因为儿童将能够清晰地认识到自己需要掌握的核心内容，从而避免学习内容的无限制扩展——这也是造成儿童学业负担沉重的一个重要源头。试想，从小学到高中，孩子们可能在这个漫长的学习过程中，学习了许多本不必要的知识，背诵了许多无需记忆的内容，甚至做了大量毫无意义的习题。这无疑反映了整体教学精准度的缺失。

第一套大纲所强调的，正是对教学内容的重视。教学内容的确定，在教学活动中占据着举足轻重的地位。只有当我们准确地界定了教学内容，教学才能更加高效有序地进行。然而，实际上，确定教学内容远比许多教师想象的要复杂得多。它要求我们深入理解课程标准、教材以及知识本身的内涵与外延，这至今仍是教育领域亟待解决的一个难题。但这也正是我们未来努力的方向，值得我们持续探索与实践。

二、第二套大纲

什么是第二套大纲呢？简而言之，就是为更好地掌握第一套大纲而精心准备的智力背景。在苏霍姆林斯基的教育理念中，这主要包括相对固定的课外阅读材料以及其他丰富多样的资料来源。第二套大纲是儿童深入理解和牢固掌握第一套大纲的坚实基础。许多儿童之所以在学习上遇到困难，往往正是因为缺乏这样一个坚实的基础，导致他们无法有效地掌握第一套大纲的内容。

这是什么意思呢？当我们确定了第一套大纲后，是否意味着可以简单地通过死记硬背来掌握它呢？答案是否定的。大多数知识都无法仅凭死记硬背来真正掌握，而是需要通过深入的理解来实现。在理解的过程中，我们需要将抽象的概念、定理、公式等回归到具体的现象中去，通过丰富的现象材料作为背景来加深理解。

如果把第一套大纲比作鱼的话，第二套大纲就如同水一般。鱼必须生活在水中，才能保持其活力和生命力。如果将鱼从水中捞出，单独去研究或掌握它，那么它实际上就失去了原有的鲜活和生命力。因此，两套大纲之间的关系，可以形象地比喻为鱼与水的关系。没有足够的水，鱼就无法生存；同样，没有第二套大纲的智力背景支持，儿童也就难以有效地掌握和理解第一套大纲的内容，他们的学习状态可能会变得奄奄一息，甚至完全丧失活力。

苏霍姆林斯基在很多地方对第二套大纲都作了强调。他说：

在学龄中期和学龄后期（大体相当于是小学高段和中学——笔者注）阅读科普读物和科学著作，跟在学龄初期进行观察一样，起着同样重要的作用。对于善于观察的儿童来说，也比较容易培养起对科学书籍的感受性。不经常阅读科学书籍和科普读物，就谈不上对知识的兴趣。如果儿童一步也不越出教科书的方框，那就无从说起他对知识有稳定的兴趣。

科学以前所未有的速度发展着，而我们又不可能不断地把日新月异的新的概念和规律性补充到中学教学大纲里去。因此在现代的学校里，阅读科学书刊就成为教学过程最重要的组成部分之一。

你要学会激发儿童对阅读科学书刊的兴趣。要做到这一点，你在讲解大纲规定的新教材时，就应当用大纲以外的知识的火花来照亮某些问题。有经验的生物、物理、化学、数学老师在讲课的时候，好像只是微微打开一个通往一望无际的科学世界的窗口，而把某些东西有意留下来不讲。儿童看见了越出必修的大纲教材的可能性，到浩瀚的知识海洋中去游泳的前景激励着他——青少年一心想要读那些书，这也就是激发阅读的兴趣。

在学校的图书馆或者个人藏书里，教师应当有一批书籍用来扩充儿童在大纲教材方面的知识。已经出版和正在出版的这类图书很多。特别重要的一点，是让儿童阅读现代前沿科学问题方面的科学著作和科普读物。阅读这些书籍也能使儿童对学校所学的基础知识理解得更清楚。

教学大纲里有一些最难的章节。理解了这些章节，才能学懂其他章节。让儿童就这些章节阅读一些扩充知识的书籍，具有极其重要的意义。那有经验的教师总是设法在学习这些章节之前、之后或同时让儿童阅读一些科普书籍。儿童还没有学过量子理论的基本概念，还有许多不懂的东西，可是已经在阅读有关这一问题的书，这一点倒没有任何可怕的。儿童头脑中产生的疑问越多，他对课堂上和学习新教材过程中所讲的知识的兴趣就越高。在课堂上讲解新教材以前，就让儿童积累问题，这倒是教学论上很值得研究的一个课题。(《给教师的建议》第18条)

就是儿童虽然还没学，但已经读了相关的书，心里会产生很多问题。这些问题会让儿童的大脑兴奋起来，这就是我们常说的"浪漫—精确—综合"阶段中的浪漫阶段。浪漫的本质就是兴奋，它为儿童提供了学习动机，同时也提供了丰富的材料。

概括一下就是：如果通过阅读能深入思考各种事实、现象和事物，而这些又是应当保持在记忆里的那些概括（即概念、定理、公式）的基础，那么这种阅读有助于识记。这种阅读，我们可以称之为为儿童学习和识记创造必要的智力背景的阅读。

说到这里，其实大家已经非常明白了，这也符合我们的生活经验。比如，一个儿童在小学阶段对历史有兴趣，虽然小学没有开历史课，但他可能读了《吴姐姐讲历史故事》等各种相关书籍。等他到了初中，一开始学习历史，就变得很轻松。这个原理大家能理解吧？他为什么变得很轻松呢？因为老师讲的很多历史学科发展的规律，对他来说，他已经积累了大量的历史事实，而且有了初步的浪漫式理解。在这种情况下，老师一点他就通了。

政治、地理难道不是这样吗？比如一个儿童很迷恋《国家地理》，经常看地理方面的纪录片，他再去学地理，学各个地方不同的地理特征时，那些地理知识在他的头脑里是鲜活的。因为他接受过鲜明、生动的形象，所以那些纪录片也是他非常好的学习材料。

同样，对于一个喜欢科学的儿童来说，小学有那么多动手操作的机会，到了中学，除了动手操作、观察与实验之外，他还读了大量科普方面的书籍，关于宇宙的、黑洞的、光的……那他再去学物理时，就对物理有浓厚的兴趣。因为他所学的这些关键概念和他的知识能够联系起来，那他的物理肯定就比较容易学好。如果没有这些基础，儿童学物理就跟学数学一样，直接进入到一种关于物理的精确知识学习和运算之中，那他就很难激发兴趣。一旦出现问题解决不了，他就会出现畏难情绪。

所以，两套大纲的思想也是符合我们常识的。但一旦把它叫作两套大纲，就意味着这并不是儿童漫无目的的阅读——那种是无意中构成的两套大纲，而是老师有可能根据第一套大纲精心选择一些书籍、视频材料、文章等提供给儿童。这种提供，老师的用意是很明确的，就是为了节约儿童的时间。这就相当于我们所说的第二套大纲。用我们今天的话来讲，其实就是把儿童的这种背景阅读课程化了。所以，理解这一点非常重要。

那我们刚才讲了第一套大纲、第二套大纲，接下来我们再来进一步讲一讲两套大纲之间的关系。

三、两套大纲的关系

我引干国祥老师的一段话：

换言之，第二套大纲就是那些第一套大纲中核心知识所关联的事物——自然现象，有待用核心知识分析的文学作品，对事物的浪漫式的理解（作为精确理解的基础）。

在语文学习中，若要讲解细节描写，不应直接灌输其概念，而应引导儿童去欣赏不同作家——无论是高手还是低手——之间的细节描写差异。通过大量感知不同风格的细节描写，儿童能够学会判断哪个写得好、哪个写得不足。这样一来，儿童对细节描写的理解自然会更加深入。对于理科学习而言，这一点同样适用。

儿童的第二套大纲，即他们在阅读时往往没有明确的目的，而是基于兴趣进行阅读。这是一种浪漫式的理解方式。从一个角度来看，这种方式让儿童在阅读中自由探索，积累知识，形成初步的认知框架。干老师说：

从过程论的角度来讲，它们是同一个知识主题的浪漫认识（第二套大纲）和精确认识（第一套大纲）。

以刚才的细节描写为例。当我在阅读作家关于细节描写的片段时，我是在以一种浪漫的方式认识细节描写；而当我再去研读文学批评家关于细节描写的理论阐释，或是语文要素中对细节描写的专业解读时，我则是在进行精确认识。这两种认识方式相互结合，这两条学习通道相辅相成，实际上是理解并掌握细节描写的最佳途径。

当然，在这里需要强调的是，大家不要将语文教材简单地等同于第一套大纲。因为教材本身只是知识的载体和例子，而真正构成第一套大纲的，是隐含在教材之中的那些核心知识。就像在数学中，公式和定理是第一套大纲，而例题和习题则更多的是为了巩固和应用这些核心知识而设计的，它们并不直接构成第一套大纲的内容。同样地，在语文学习中，那些隐含在课文中的语言规律、写作技巧等，才是我们需要深入理解和记忆的关键知识。

从知识论的角度来讲，它们一是现象或者素材（第二套大纲）；一是从中提取的知识，或者用于解释现象的知识（第一套大纲）。

干老师的这些话，就从不同的维度把两套大纲给解释清楚了。

那我们怎么进一步理解两套大纲呢？得回顾一下前面讲的无意识记和有意识记，也就是无意学习和有意学习。这两种学习方式，其实一个属于内隐学习，一个属于外显学习。学习主要就是靠大脑，当然身体其他部位也参与，但大脑是关键。

人的大脑分三层：爬行动物脑、情绪脑和智慧脑。爬行动物脑是先天设定的，比如怕蛇这种反应。而情绪脑负责感受，智慧脑负责分析。你也可以说情绪脑是浪漫的，智慧脑是精确的。

就像上次讲的ChatGPT，它学习越来越像人，特别是基于情绪脑的学习，更像人的学习方式，是感受式的。感受式学习就是大量接触现象，归纳总结经验，这是内隐学习。我们学语言也是这样，得大量感受，有时候叫"混沌中涌现出秩序"。现在计算机也能模拟这种内隐学习，从大数据里涌现知识，这些知识是经验的，可错但好用。

外显学习呢，就是精确分析。儿童学数学多用外显学习，学语言则多用内隐学习。但现在的教育过分强调外显学习，让儿童学得很累。因为儿童不可能每天注意力高度集中，长期这样去学；久而久之，那儿童就会产生低品质的勤奋。就是说看起来他将很多时间投入到外显学习中，其实他的学习效率不高。相反，如果内隐学习跟外显学习构成一种学习的节奏、认知的节奏的话，儿童整体的学习效率其实是更高的。

我们再来归纳一下。语文、英语这些语言学习，得靠内隐学习，得大量输入，不能光靠分析、做题来学语言。数学学习呢，以外显学习为主，但也不是完全没有内隐的部分。因为数学也有数感，它也是扎根于生活实践的，但它是以外显学习为主体的。你可以通过逻辑、公式，然后不断地运算、推导。所以在数学学习中阅读也很重要。但是过分地强调阅读其实意义不大。当然数学也有数学科普，读起来肯定是有价值的。但整体来讲，它是以外显学习为主，文综、理综则是内隐和外显的结合。

两套大纲的思想，其实更适合文综、理综，还有小学科学的学习。大家得理解这个原理，然后看各学科的学习特点就明白了。

以语言学习为例，我们得好好琢磨语言学习的目标是什么。其实，语言学习的目标就是实现读写自动化，而且这不仅仅是在小学阶段完成，初中、高中、大学，读写自动化都在不断升级。

从课程设计的角度来看，我们得把人文主题和语文要素紧密结合起来。这种结合，就是把生活主题和语文知识相融合。人文主题的学习，往往跟生活紧密相连，更侧重于内隐学习；而语文要素的学习，则更偏向于外显学习。

所以，当我们把人文主题作为学习重点时，这就构成了大语文课程，或者说是儿童课程。而如果以语文要素为主导，那就更接近于教材学习。因此，语文学习的课程设定，就是要把这两者巧妙结合起来。实现这个目标的途径，其实就是大量读写加上刻意练习。小学阶段，我们更强调大量读写；到了中学，刻意练习的比重会逐渐增加，但无论何时，都不能偏废。

我们回头想想，儿童这九年是怎么学过来的。在低段，我们强调读写绘、长文挑战，这些都是浪漫学习的部分；而识字、写字、朗读，则是精确学习的内容。到了中段，海量阅读、整本书共读、自由写作成了浪漫学习的主角；文章阅读、作文训练、篇章（段落）训练、默读，则是精确学习的重点。到了高段，自由阅读、经典研读、文体写作（比如写演讲稿、论文）变得更为重要。精确训练方面，则侧重于文体写作和精读。从朗读到默读，再到精读，到了初中，就正式进入了精确学习期。浪漫学习方面，依然强调自由阅读、经典研读、自由写作，跟小学高段类似。而语文教材，则更侧重于阅读策略的训练、文体训练以及泛读与精读的结合。

我这么讲，其实就是想说，我们在教学时，得尽量用课程去超越教材。如果只盯着教材教，那孩子的实际能力很难有大的提升。结合我们前面讲的无意识记和有意识记，我们就能明白，语言学习的核心，其实就是一种内隐学习。这就是我想表达的意思。

那我们再看一下文综和理综的学习。

文综和理综的学习目标，其实是帮助儿童构建起从各个视角，如历史、政治、地理、物理、化学、生物等，来审视人类社会或自然世界的一个框架。这是一个理解框架，让儿童能够系统地理解世界。

儿童要建构起这样的理解框架，同时框架内还包含一些大概念。这些大概念是儿童理解自然、理解人类的基本工具。这就是我们所说的概念教学。从课程设计上来说，我们必须把第一套大纲和第二套大纲结合起来，这极其重要。

但现在我们面临的问题是，很可能既没有第一套大纲，也没有第二套大纲。为什么呢？因为存在很多这样的情况：既不是概念教学，儿童也没有大量的阅读，学习纯粹成了考试训练。结果，儿童考完试后，到了高中更难适应，上了大学，很多人对自然和人的理解还是经验性的、表面的、没有经过真正的训练。作为学科老师，我们有时会感到没有存在感。所以，修炼自身内功也是为了增强我们的影响力。

我们在办学过程中，也形成了新的思路。比如，我们尝试把第二套大纲课程化，实现全面覆盖。我们要明确儿童应该读哪些书，这些书与教材如何整合，哪些是泛读，哪些是精读，哪些是自读，哪些需要老师带着读。我们要对这些进行细致规划，设计出一套完整的课程。

第一套大纲同样重要。在文综和理综，尤其是文综里，第一套大纲的清晰化至关重要。这样，儿童在背记时就知道该背什么、该记什么。对于核心概念，我们要注重用建构的方式来教学。同时，我们要把知识的结构化记忆与研究审辩结合起来。不能光研究审辩，因为儿童如果大脑空空如也，没有记住关键知识，怎么进行研究审辩呢？但也不能没有研究审辩，否则知识就无法被结构化地整合。所以，我们要在课堂上植入审辩，通过审辩带动儿童对整个知识的结构化。此外，我们还要引入项目化学习，通过项目化学习打通所有知识，进行跨学科或学科内的融合。同时，让儿童以写论文、演讲等方式来表达所学。

这样思考下来，就构成了一种课程结构。这听起来不容易，但确实是我们科学、道德与法治等课程整体的方向。

讲到这里，大家就会明白，苏霍姆林斯基的课程理论，包括两套大纲等，每个课程都有其适用范围。比如，读写自动化适合语文，而两套大纲则特别适合文综和理综。当然，两套大纲也可以用来解释语言学习，但解释力相对较弱，不如读写自动化在语文领域的解释力强。这就是我们对第二套大纲的一个清晰阐释。

此外，我们要把第二套大纲跟课外阅读区分开来。

四、第二套大纲与课外阅读的区别

为何要将第二套大纲与课外阅读区分开来呢？因为第二套大纲并非课外之物，而是课内课程的一部分，它是有明确设计的。为此，我列举了以下几点区别：

第一，流行意义上的课外阅读，通常指的是旨在丰富儿童精神生活的阅读，且侧重于文学、文化类读物，如文学作品、名人传记、历史地理书籍，以及杂志、流行读物等。这些阅读更多地服务于儿童的精神世界。而第二套大纲，其重点并非仅在于服务儿童的精神世界，更在于服务概念建构和知识学习。当然，它也能发展儿童的精神，但侧重点有所不同，阅读类型也需作出区分。

第二，课外阅读往往是无目的的，更注重拓展视野和丰富精神生活。而第二套大纲则具有明确的目的，即为第一套大纲服务，为学科学习构筑智力背景。因此，它也是教学大纲的一部分。

第三，课外阅读仅指阅读活动本身，而第二套大纲则不仅限于阅读。尽管阅读是最主要的部分，因为人类的大部分知识是通过文字传递的，但第二套大纲还包括其他一切为第一套大纲构筑智力背景的内容。例如，在低年级特别强调观察和实验等活动，对于科学学习而言，观察和实验始终至关重要，不可能单纯通过阅读来掌握科学知识。

第四，课外阅读在多数情况下是无目的的，因此它可能与学科教学产生冲突，处理不当甚至会导致学习效率下降。例如，当儿童时间有限时，让他们阅读课外书籍可能会与学科学习产生冲突。而第二套大纲则服务于第一套大纲，本质上与学科教学不冲突，反而会提高儿童的学习成绩。这一点，我们应当能够达成共识。

第五，课外阅读对教师指导性的要求不高，通常只需教师作方向性的引导或提供一定数量的参考书目即可。而第二套大纲则对教师指导性要求极高，也对教师专业发展提出了高要求。它要求教师对第一套大纲有深刻的理解，并具有相当宽广的专业视野，才能有针对性地开展第二套大纲的教学。此外，这种设计往往不是一次性完成的，而是随着教师专业发展逐渐形成并不断更新调整的。苏霍姆林斯基的贡献和价值主要体现在第二套大纲上，而非第一套大纲。在这两个概念中，第二套大纲往往更为重要。

然而，在我多年的教学研究、听评课过程中，我深刻意识到，当前教育教学改革面临的最大问题之一，就是教学内容的不清晰。我们总在教学论上打转，纠结于怎么教，却忽略了教学内容本身的缺失和对其研究的不足。很多时候，老师并未意识到自己对教学内容的研究不够，出现了"我不知道我不知道"的情况。即使在小学阶段，作为数学老师，我们是否真的理解加减法呢？可能我们只是懂得运算，而对于加减法背后的深层原理及其建构过程，我们并不一定清楚。如果我们对这些不清楚，教学上就会出现问题。到了中学，这个问题当然更为严重。因此，作为教师，研究学科教学内容，深入理解知识本身，比教学方法更为重要。哪怕采用满堂灌的方式，只要对知识有透彻的理解，也能取得良好的教学效果。只有当我们对第一套大纲有深入透彻的研究后，才能知道如何设计第二套大纲。这是我特别要强调的一点。

五、两套大纲与学困生问题

接下来一个话题就是两套大纲与学困生的问题。我们先看一看苏霍姆林斯基是怎么说的。他说：

这里指的是那些很艰难、很缓慢地感知理解和识记所学的教材的儿童：一样东西还没弄懂，另一样东西就该到要学了。刚刚学会这样，另一样就已经忘记了。有些教师相信要减轻这些儿童的学习负担，只有把他们的脑力劳动的范围压缩到最低限度（有时候教师会对学习有困难的儿童说，你只要读教科书就行了，不要去读其他的东西，以免分心）。（《给教师的建议》第19条）

就是说，你教材上的东西还没弄懂，你还读什么课外书？这句话我们从小就听过。老师们不明白，读教材是举一反三，读课外书是举三反一。如果你没有"举三"，那怎么去"反一"呢？所以，苏霍姆林斯基说：

这种意见是完全错误的。儿童学习越感到困难，他在脑力劳动中遇到的困难越多，他就越需要多阅读。正像敏感度差的照相底片，需要较长时间的曝光一样，学习成绩差的儿童的头脑也需要科学知识之光，给他以更鲜明、更长久的照耀。不要靠补课，也不要靠没完没了的"拉一把"，而是要靠阅读、阅读再阅读。正是这一点，在学习困难的儿童的脑力劳动中起着决定性的作用。

有一位姓特卡琴柯的优秀数学老师，他教的中学生就没有不及格的。这位教师的创造性劳动的一个突出特点，就是他善于合理地组织这里所说的这种阅读，通过阅读来发展儿童的智力才能。从五年级教到十年级，他教的每一个年级都有一个绝妙的小图书馆，里面有不止100种书籍，这些书都是以鲜明的引人入胜的形式来讲述他觉得是世界上最有趣的一门科学——数学的。如果没有这些图书，那么他的某些儿童是永远也不会达到及格的。例如在教方程以前，儿童就读了几十页关于方程的书，这种书首先是些引人入胜的故事，讲的是方程怎样作为"动脑筋习题"在民间的智慧中形成的。

问题不仅在于阅读能挽救某些儿童免于考试不及格，而且在于借助阅读发展了儿童的智力。"学习困难的"儿童读书越多，他的思考就越清晰，他的智慧力量就越活跃。

经过周密考虑地、有预见地、有组织地让学习较差的儿童阅读一些科普读物，这是教师要关心的一件大事。实质上，在学校生活实践中称之为"对后进生个别施教"的工作，其要点正在于此。（《给教师的建议》第19条）

从小学到中学，儿童学业困难的原因，除极少数可能源于先天因素外，后天形成的学困生，其主要问题往往在于其学习基础未打牢，智力潜能未被充分激发。在小学阶段，这通常表现为儿童未能实现阅读自动化，信息提取能力下降，工作记忆负荷增加。而到了中学阶段，则常表现为学生缺乏足够的第二套大纲，导致知识对于他们而言显得抽象难懂。

因此，无论是小学还是初中，学困生都需要通过补充阅读来提升自己，但不同阶段所需补充的阅读内容应有所区别。对此，我们需要有清晰的认识。

提到苏霍姆林斯基，他是知识中心时代的产物，其核心理念仍聚焦于如何教好教材，帮助儿童建构概念。然而，我们现今的教育已从知识中心主义迈向了新课程改革。尽管在实践上，我们尚未达到苏霍姆林斯基所达到的高度，但回首过往，我们已具备了更好的反思与改进的基础。

六、干国祥：以课程思想超越两套大纲

干老师写过一篇文章《以课程思想超越两套大纲》，他说：

许多教师的日常教学，本质上是在教教材。

两套大纲的思想是对教材的超越。这种超越在知识中心时代有着非常积极的意义。但现在看来，毕竟只是对以往那套机械教学系统的弥补。尤其是在新课程背景下，两套大纲的知识中心主义倾向特别明显。它先假定了知识是可以被分解开来，前后排列成顺序的，再假定每一种知识都有明晰的相对应的现象（或素材），又假定儿童在遭遇那些现象与素材时，会自然地产生困惑以及好奇。

显然，除了自然科学等少数学科可以这样，既有着丰富的现象，知识又相对系统和层进之外，大多数学科或者系统性极不明显（如语文），或者与知识相对应的不是普遍的生活现象（如数学），因此，纵然能够编制出第一套大纲，也往往极难编制出理想的第二套大纲。

这些困难也许就是苏霍姆林斯基第二套大纲不能很好地在国内借鉴推广的原因。

而今天我们的课程思想其实已经能够超越这些困难，让学科教学达到一个更高的境界。

和两套教学大纲，把知识理解为静态的外在信息谱系有所不同，在新的课程思想中，知识既应该视为一个动词，意味着儿童去探索、穿越、把握的过程，又应该视为一个不断自我更新、完善的经验结构，它意味着自身就是用原有的经验结构，不断地去探索世界、发现问题、解决问题。

所以在课程中穿越、旅程、编织、汇聚、对话，不断地重新建构、自组织，这些带有人类运动性质的词语将不仅仅成为隐喻，而且将是教学的事实。

在课程思想中，那套人为梳理的知识谱系将有着非常重要的参考价值（尤其是在理科中，他甚至确实就是可以穿越的蓝图）。但是现在关注的重点转向了师生共同穿越的事实——不是聚焦于儿童或老师，而是那具体的旅程。在这样的旅程中，教师、儿童或者知识，谁都不能宣布自己是唯一的中心，因为只要确定任何一个事物为中心而忽略其余，就会导致他自身的一种贫乏。

打个比方，当你在教语文，特别是当儿童开始学习写作时，比如在三年级或者初一，他们几乎会接触到写作的全部知识，包括文章的结构与层次、详写与略写的把握、表达方式的运用，以及思想感情的融入。这与数学的学习截然不同，数学可以循序渐进，比如先从一加一等于二学起。但语文写作的任务却是全息式的，一开始就要求学生具备全面的视角。

如果你在教学过程中只瞄准某一点，比如过分强调中心句或者某一种写作手法，就会导致教学内容的片面和贫乏。因为写作是一个整体性的技能，各个部分相互关联，缺一不可。所以，我们必须在整体的学习过程中，不断地聚焦并深入讲解各个部分。

如今，我们常提到"语文要素"，但在实际教学中，往往会出现这样一个问题：这个单元讲这个语文要素，就只聚焦这个要素，不顾其余。这种做法会导致教学的片面性，也使得这个语文要素难以被学生真正理解，因为它没有被纳入到一个更广阔的知识和技能背景中去。因此，我们需要在整体的教学中,将各个语文要素相互联系,形成一个完整的教学体系。

干老师继续说:

在课程思想中,关键知识和具体教学总是不能等值的:教学总是比任何一个具体的知识要大得多。而这恰恰不是浪费,而是一种整合:把两套大纲整合在一起,把知识的背景和焦点整合在一起。把现象问题和知识(作为问题的解决和现象的本质)整合在一起……具体的自然现象或者生活现象,儿童的困惑,古老的词语与仪式,探索与穿越的过程,新知识的豁亮,经验的更新,深刻的生命体验……这一切成为环环相扣的一个整体,一个生命经验的整体,在这里,你几乎分辨不出谁是中心,哪个是大纲,哪个是可以抛弃的材料。

在一个全班儿童排演莎士比亚戏剧的过程中,儿童们学习到的是什么知识?在这里什么是背景?什么又是知识?

在一个全班儿童穿越"农历的天空下"的古诗词课程中,儿童们只是背诵一些古诗吗?在这里究竟什么是所谓的学习重点?在这里究竟什么是所谓的主体?是那些伟大的诗歌还是儿童?

我们将会发现任何一种回答都将是浅薄的。而拒不承认其复杂性,硬是要从中抽取出一点作为论述的重点,宣布其余因素为配角的做法,固然迎合了理论者的理论需要,以及一些听众的心理安全需要,但事实上都是无关痛痒的谬论,更是扼杀课程生命力的粗暴行为。

这几段话确实讲得非常精彩!我们如今在谈论跨学科整合和各种课程时,往往还停留在活动化的阶段。然而,在真正的课程体系中,你会发现,它经历了浪漫、精确之后,在综合的、更高的层面上重新回归生活。这个时候,儿童所经历的学习既是健康的,也是充满兴趣的,因为浪漫与精确被巧妙地整合在了一起。

这当然是我们的课程愿景。大家每天都面临着诸多压力,但我希望大家在压力之下,不要忘记还有这样一个理想存在。理想可能难以触及,但它就像一盏明灯,悬挂在我们的生命中,照亮我们的前行之路。我们的专业发展,也因此有了明确的方向。

在这种课程中,第一套大纲仍然存在着,但不再是法定的指令,而仅仅是行动参考的依据,或者说是一张我们在旅游结束以后,最终必须仍然检查一下,看一看是否已经收购完备的购物清单。但是居于我们关注核心的,是儿童在课程(穿越过程)中的生命的丰富性和经验的具体增长。

课程将成为儿童与世界展开游戏、对话的历史,而不是按照一个谱系吸取知识的过程。

在新教育儿童课程中,在雷夫的第56号教室的某些课程中,我们可以看到课程是如何被师生们共同构建起来的。没有任何铁的规定——在课程开展之前,但是在每一次课程穿越之后,我们总是惊奇地发现我们不仅得到了那些据说要重点学习的知识,而且事实上我们得到的远胜于此,我们发现这些知识并不是我们得到的最好以及最重要的。

课程关注的,是一个个活生生的人。它所关心的,是这个生命最大可能的丰富与卓越,而那些知识,将是作为这个生命获得成长的必要的道路而存在、出现的。

所以我们可以把这些讨论归纳为:

用两套教学大纲超越教材;

用课程思想超越两套大纲;

用儿童课程丰富学科教学;

……

对今天的我们来说,后面几条也许看起来太过理想。如果周围的条件尚不成熟,我们不妨老老实实地像苏霍姆林斯基所倡导的那样,从用两套大纲超越现行教材开始,为明天再度用课程思想超越两套大纲作好准备。

每一位教师都成为卓越课程的开发者,这一天,无论美好或者残酷,它终将到来，但它将只属于那些已经准备好的人。

大家读了以后，不知道有没有什么感觉。我读了以后，就觉得很振奋。

最后我用一张图来作一个总结。

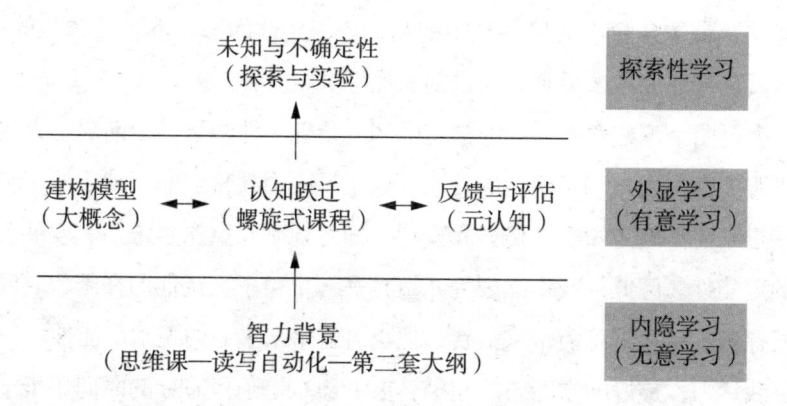

```
                    未知与不确定性
                    （探索与实验）
                          ↑                        ┌─────────┐
                          |                        │ 探索性学习 │
                          |                        └─────────┘
    ─────────────────────────────────────────
                                                   ┌─────────┐
    建构模型    ←→   认知跃迁   ←→   反馈与评估      │ 外显学习 │
    （大概念）       （螺旋式课程）    （元认知）      │ （有意学习）│
                                                   └─────────┘
    ─────────────────────────────────────────
                          ↑                        ┌─────────┐
                          |                        │ 内隐学习 │
                     智力背景                       │ （无意学习）│
          （思维课—读写自动化—第二套大纲）             └─────────┘
```

首先，我们来看图中的两层结构：一层是内隐学习，即无意学习；另一层是外显学习，即有意学习。内隐学习强调的是隐含的系统——第二套大纲，它在儿童发展的不同阶段表现为不同的形式，如小学低段的思维课、小学中段的读写自动化，以及小学高段和中学的第二套大纲，构成了儿童发展的智力背景，这是我们课程的重心所在，需要不断补充和完善。

接着，我们谈到外显学习，即精确学习的系统。其中，建构模型，特别是基于大概念的教学，是外显学习的核心概念之一。从课程的时间维度来看，课程并非线性生长的过程，而是一个螺旋式上升的过程。每个阶段都有其独特的课程特质，就像儿童不是小大人，每个阶段的儿童都有其独特的逻辑和需求。因此，我们需要在一个螺旋式上升的意义上重新理解课程。

在螺旋式上升的过程中，做好概念教学至关重要，而足够的反馈与评估则是实现这一目标的关键。对于儿童而言，这是元认知的培养；对于老师而言，则是教学反馈与评估的实施。通过教会儿童自我反馈与评估，我们可以帮助儿童形成学习的闭环，提升学习效率。

然而，仅仅依靠内隐学习和外显学习还不足以构成完整的教育体系。因为还有一些知识是探索性的，是我们教材中没有的，甚至人类迄今为止还没有创造发明出来的。因此，我们还需要添加第三个层面——探索性学习。在这个层面，老师和儿童都面临着未知或不确定，需要共同去探索、去实验。就像儿童不能只读规定的书，还需要读闲书、读其他领域的书，跨界阅读往往能激发灵感，促进创造性思维的发展。

上页图中下方两个层级的学习强调的是确定性的学习，而最上方的层级则强调面向未知和不确定的开放。这正是中国教育当前所缺乏的。我们往往过于注重既定知识的传授和测评，却忽视了儿童探索未知、发展创造力的可能性。因此，我们需要为儿童打开一个口子，让他们在闲暇时间去进行探索，尽管这可能带来浪费，但也可能带来生命的无限可能性。

我认为，最好的学习方式是结合 80/20 原则：80% 的时间用于学习人类已经熟悉的知识，而 20% 的时间则应该进行各种探索。将这两种学习方式结合起来，才能构成完整的教育体系。苏霍姆林斯基虽然没有提到探索性学习，但我们在整理时将其整合进来，为大家呈现了一个全面的教育图景。

因此，面对儿童的好奇心和天马行空的想法，我们不应该轻易打击，而应该鼓励和支持。让儿童去自由探索，说不定就能冒出下一个比尔·盖茨、乔布斯或其他杰出人才呢！

第六讲

自动化读写

有一个笑话，有一只壁虎，他看到一只蜈蚣，就问蜈蚣："你走路的时候，是先迈哪条腿？"蜈蚣听了以后就思考了一下，注意起自己的步伐，结果就不会走路了。

这个笑话确实很有意思，它形象地说明了自动化在生物行为中的重要性。就像壁虎问蜈蚣走路先迈哪条腿一样，一旦蜈蚣开始思考这个问题，原本自动化的走路行为就变得不再自然，甚至导致无法行走。

这其实也反映了我们人类大脑中的自动化机制。我们在日常生活中，许多行为都已经自动化了，比如走路、呼吸、眨眼等，这些都不需要我们刻意去关注。如果我们在进行这些自动化行为时还要分散精力去注意它们，我们就无法将注意力集中在周围环境或进行思考上。

大脑是一个高度节能的器官，它倾向于尽可能地减少能耗。逃避思考，从某种程度上来说，也是大脑处于节能状态的一种表现。能节约一份精力就节约一份精力，这是大脑的本能。

《思考，快与慢》这本书中讲到了大脑中的双系统理论，这个双系统与我们前面讨论的无意学习、有意学习，以及两套大纲都有非常密切的关系。其中还讲到快速思考与慢速思考：

快速思考是一种自动化无意识的思维方式，注意它是思维，但它是自动化、无意识的，它能够迅速地处理信息，并得出直观、直觉的结论，这种思考方式通常依赖于经验、情感和直觉，而不经过深入的分析和逻辑推理。它的缺点是什么呢？因为有赖于直觉，往往就会受到以往经验的影响，偏见啊，错误判断啊。

相比之下，慢速思考，它是一种有意识的、深思熟虑的思维方式，需要人们有意识地关注和分析信息，运用逻辑推理和系统性的思考来得出结论。那么这种思考更加精确可靠，但是需要更多的时间和精力。

那尽管快速思考和慢速思考都有其优点和缺点，但在不同的情境下，我们需要运用不同的思考方式，比如说简单常规的任务，快速思考可以帮我们快速做出决策，但是一些复杂的重要的任务，慢速思考更能帮助我们避免错误的判断和偏见，做出更加准确和明智的决策。

以上阐述非常清晰且深刻！

自动化在我们生活、工作和学习中占据着举足轻重的地位。对于工作而言，自动化水平的提升至关重要。只有不断提升自动化水平，比如批作业等日常任务的自动化处理，我们才能将精力聚焦于核心备课和深度学习上。否则，我们将会被琐碎的事务所纠缠，无法专注于真正重要的事情。

这也是我经常与老师们分享的观点。我们需要发展各种工具，如清单、日程管理等，来利用自动化的力量。这些工具的运用能够大大减少我们在低价值事物上投入的时间，从而让我们拥有整块的时间去处理重要的工作和个人事务。如果一个人没有这样的习惯，他就会感到时间紧迫，无法抽出时间去备课、陪伴儿童或处理生活中的重要事项，因为他被困于琐碎之中，这是非常可怕的。

面对这种情况，我们与其抱怨上级部门活动太多，让自己疲于奔命，不如通过不断训练自己，提升工作效率。将大多数没有创造性的工作交给自动化处理，这样我们便能更加高效地完成任务，甚至实现一心多用。比如，我们可以一边开车一边思考问题，一边做饭一边听书，一边收拾房间一边进行深度思考。

大家不妨想象一下，对于以前的女性而言，每天花费在做饭和洗衣服上的时间是多么巨大，尤其是洗衣服。但洗衣机的发明，这一伟大的创造，极大地解放了她们的时间。同样，现代烹饪工具的进步也让我们在做饭上花费的时间大大减少，从而有更多时间投身于创造性的工作。

对于一所学校或一个班级来说也是如此。将大多数常规事物规则化、流程化、反复规范，就能节约大量能量。就像今天的交通法规一样，它使得道路上任何交通事故的处理程序都变得非常快速，因为一切都已经流程化了。在我们的日常工作中，创造性的方面其实并不多，大多数工作都依赖于自动化的普及。通过提升自动化水平，我们能够提高效率，从而更加专注于重点方面。

因此，自动化是非常重要的。在我们即将探讨的第六讲——自动化读写时，我们首先要对自动化有一个深刻的理解。那么，苏霍姆林斯基是如何看待这个问题的呢？

一、学困生形成的认知原因：能力与知识失调

我们讲了苏霍姆林斯基长期在研究学困生的形成，他不会简单粗暴地讲，学困生就是因为不努力，学困生是因为家庭不给力。你会发现苏霍姆林斯基很少这样去说。他会研究学困生形成的核心原因，而不是简单地甩包袱：要么甩给儿童，要么甩给家庭。他有一段话我觉得非常精彩，那就是《给教师的建议》第 20 条里，他认为学困生形成的一个重要原因，甚至是最重要的原因是：能力与知识的失调。这个很重要，怎么理解？

所谓能力和知识之间的关系失调，表现为儿童还没有具备作为掌握知识的工具的那些能力，可是教师已经把源源不断的新知识硬塞给他：快点掌握，别偷懒！这样的儿童就好比没有牙齿的人：他被迫把没有咀嚼的整块食物囫囵吞枣咽下去，开始时感到胃里不舒服，以后就生起病，以至于无论什么也不能吃了……

这就是厌学情绪的一种体现。我们的能力究竟是什么呢？能力，其实包含了一系列最基础的核心要素。这些基础能力是其他一切能力发展的基石。苏霍姆林斯基就提出了五种关键能力：阅读、书写、计算、观察、表达。其中，书写特指的是书写技能，如写字、写单词，而写作则归属于表达能力的范畴。

在这五种能力中，哪一项最为重要呢？大家不妨思考一下。显然，阅读能力是基础中的基础，它是其他能力发展的根本。因此，实现阅读能力的自动化，对于我们的成长至关重要。这也是我们为何特别强调小学阶段阅读能力培养的重要原因。

再来说说能力与知识的关系。知识，通过我们的刻意练习，会不断地转化为能力；而这些能力，又成为我们进一步掌握知识的前提。比如，当我们开始学习加减乘除时，这是知识积累的过程。这个过程需要慢学习、慢思考，就像谈恋爱一样，需要投入时间和精力去磨合与训练。一旦我们掌握了计算技能，达到了自动化的程度，它就不再是我们刻意关注的焦点，而是成为我们掌握更高级数学知识的基础。

如果我们没有完成计算自动化的训练，那么在学习更高阶的数学知识时，就会遇到瓶颈。很多儿童在计算自动化方面水平不高或尚未完成，这对他们后续的数学学习构成了很大的障碍。因此，知识与能力之间形成了一个良性循环：我们通过学习获取知识，知识又通过刻意练习转化为能力，而能力的提升又使我们能够学习更多、更深的知识。

反之，如果能力不足，却大量堆砌知识，那么学习就只能停留在死记硬背的层面，学生会感到越学越难。这也是我们当前许多儿童在学习过程中面临的一个普遍问题。

阅读能力到底是一项什么样的能力？

我们可以把阅读能力划分为两个层面：第一个层面指的是无意识阅读的能力，我们叫它阅读自动化。我没有意识到我在阅读，我自动化地就能够汲取意义，这个叫阅读自动化。第二个层面指有意识阅读的能力。比如说，我浏览、阅读。浏览、阅读当然要用到阅读自动化，但其中涉及信息提取，这是有意识的。更重要的是精细阅读，是有意识的，所以我们在小学、中学语文里讲到的语文要素，其实就是一种阅读能力的刻意练习。而阅读自动化是我们阅读能力，尤其是小学高段和中学阅读能力的基础。

所以，我们也可以从有意识的和无意识的角度，把阅读能力划分为两个层面。根据我们以前讲的两套大纲、无意识记和有意识记，大家就能够清楚：阅读自动化是非常重要的，这种无意识的能力是非常重要的。

阅读自动化就是自动化阅读。用苏霍姆林斯基的话来讲，就是指儿童能够流利地、有理解地阅读，在阅读的同时能够思考，在思考的同时能够阅读。

就像在开车的同时能够思考，思考同时能够开车，走路的同时能够看风景，看风景的时候能够走路一样。因为人是一心不能二用的，我们的"一心多用"，其中有一些一定是自动化的，你只能聚焦一个。所以他说，这就指的是用视觉和意识来感知所读材料的能力，要大大地超过出声地读的能力。换句话来讲，就是一下子能用眼睛和思想把握住句子的一部分，或者整个的、较短的句子，然后使眼光离开书本，念出所记的东西，并且同时能进行思考；不仅思考眼前所读的东西，而且思考到与所读材料有联系的某些画面、形象、表象、事实和现象。其实就是我们讲的得意忘言。你是从语言进入意义的，但你是得意忘言：你忘了你在阅读——你会自动把文字翻译成为头脑里的画面与意义。这个过程容易被忽略。

我们要理解这个过程，就必须知道阅读背后的一些基本原理。比如说我们至少知道有一些常识。儿童在阅读的时候，他并不是像计算机那样一个字一个字读的。儿童阅读不是从一个字开始读，然后把字组成词，把词组成句子，句子组成段落，段落组成文章……他不是这样读的。儿童的阅读不是从部分到整体，而是从整体到部分再到整体螺旋式上升。比如一眼看过去，看到的是个整体。他可能看的一个句子五六个字、十来个字，这些字，是一眼看到的。他在这个背景下，再去理解它表达的一个意思，然后再往前去读……它是这样一种滚动式地前行的阅读。每一个滚动环节，都经历了"浪漫—精确—综合"或者"整体—部分—整体"这样一个过程。不是看一个字，另外一个字，再一个字，同时可以看到好几个字，然后他的视线在移动，更准确地讲是在跳动，是这样的一个过程。

比如有一本书《心智与阅读》，它对这个阅读的现象作了准确的解释：

在阅读时，人的眼球并不是直线移动的，而是从一个点跳跃到下一个点，其间距一般是七到九个字母。

大家注意这一句话。也就是说，你在读的时候，你的眼睛是跳着读的。你不是一个字一个字读的。成熟的阅读者，没有人这样去读的；只有刚开始学阅读的儿童，他可能用手指着一个字一个字地阅读——那不是成熟的阅读者。这个我觉得我们今天都能够理解。如果我让你校对一篇文章，校对一本书，你会非常难。我自己出的书，里面大家也会看到不少的错误，有些字词写错了，你说我没有校对吗？编辑要求是必须校对的，我拿着笔逐句校对，但是在读的时候，里面有字错了，经常感觉不到。为什么感觉不到？因为我在读的时候，是本能地跳读的。所以会忽略错字，这就是阅读的一个原理。

然后这本书里又讲：

随着阅读经验的增加，儿童不再需要将单词一个个读出来，而只需浏览一下就能看懂的单词越来越多，单个单词的表征，也会变得更加完备可靠。那么这个过程当中，儿童的阅读速度会变得越来越快，阅读的流畅性和准确度也会提高。很明显流畅度是有助于阅读理解的。

这个地方讲的流畅度，其实就是我们刚才讲的自动化水平，高手看书的速度很快，但是他的理解力比看得慢的人还要强。这是讲的阅读自动化。

我们再换一个角度理解，可以读一下干国祥老师的相关论述：

如果换个角度来思考自动化阅读，或者思考阅读能力这一概念，那么可以说，阅读能力在本质上是一种"对下文的预先猜测"。

所以，阅读自动化事实上就是当耳朵听到这个声音或者眼睛看到这些字词时，已经在大脑中生成后面的声音和词语……（注意后面的声音和词语还没有读到，没有看到，但是大脑已经生成了。）这些词语和声音既是切近的，又是多元的，就像候选人一样飞速出现又消失……所谓阅读的自动化水平，其实就是对下文正确猜测的能力——下文总是在相当程度上，已经在文字和声音出现之前，在自己的脑袋中被酝酿……如果停留在此刻的字词，这就达不到自动化，会读得艰涩、艰难、吃力。

大家不妨想象一下，在观看电影时，我们往往会对主人公接下来的表现产生预先的猜测。比如，我们可能会推测谁是罪犯，或者预测接下来的几分钟内会发生什么剧情转折。这些猜测并非凭空而来，而是基于我们对前面情节的深入理解和细致分析。有时，我们的猜测与剧情发展不谋而合；有时，则可能大相径庭。然而，一个高明的读者，其猜测往往能更贴近作者的创作意图。这背后，正是他们强大的猜测能力在发挥作用。而这种猜测能力，实质上也是阅读能力的一种体现。

并非只有读到的东西才会在我们的脑海中留下印象。在阅读过程中，那些尚未明确提及，但根据情节线索和角色行为可以合理推测的内容，也会像候选人一样预先在我们的脑海中浮现。随着阅读的深入，我们的大脑

第六讲 自动化读写 · 97

会不断对这些候选人进行筛选和排除，保留那些与故事发展紧密相关的关键信息，剔除那些无关紧要的内容。

这个过程越迅速、越准确，就说明我们的自动化处理能力越强，阅读能力也相应更高。因为这意味着我们能够更高效地整合信息，更深入地理解故事，从而做出更贴近作者意图的猜测和解读。因此，可以说，猜测能力不仅是阅读能力的重要组成部分，也是衡量我们阅读水平高低的一个重要指标。

当语句在阅读的过程中，意义总是处于提前浮现并不断印证或修正的时候，这就实现了自动化。所以许多自动化阅读水平较高的人，漏字特别多，因为字已经不是关键了。

我们传统的教学，很多时候过于重视一个字发音准确不准确、有没有读错、有没有跳字漏字，其实这些东西没有我们想象中那么重要。所以他说：

但最低的未自动化，就是一个字一个字的字音出现、字义出现，再拼凑成词语意义、句子意义……这样阅读就成了艰难的攀岩。

举例来说，当我们收到一封英文邮件，而手头又没有自动翻译软件时，面对不懂的英文，我们可能会采取一种逐字逐句查询的方式。首先，我们会查找邮件中第一个单词的意思，接着是第二个，以此类推，直到将整个句子中的每个单词都理解清楚。在掌握了每个单词的含义后，我们会尝试将这些单词组合起来，形成一个初步的句子意思。这个过程中，我们往往需要发挥一些猜测和联想的能力，因为单词在句子中的具体含义有时会受到上下文的影响。

这种逐字逐句查询并猜测句意的方式，可以说是一种完全没有自动化的理解过程。通过这样的努力，我们虽然能够逐渐读懂英文邮件，但整个过程相对耗时且费力。这就是没有自动化的结果。

为什么多读书促成阅读自动化？就是无论是故事的大结构，人物的形象、性格及言行，以及行文逻辑，都在不断学习中内化为图式；而这些图式将能够使得我们面对新的读物时，拥有丰富的敏锐的武器。

阅读并不仅仅是我们看到了文字再去理解它，而是那些我们尚未看到的内容，在潜意识中已提前浮现，我们对此进行推测和判断的过程。举例来说，当我提到"南明教育"，话还未说完，你的潜意识里就已经涌现出一些候选的词语和形象。你的整个语料库被激活，有些词异常鲜明，有些则较为暗淡，而有些则完全未被激活。哪些词会高亮显示？比如提到"南明教育"，干国祥、全人之美、儿童课程、相信种子、相信岁月、龙美、朗星、蝶湖等词语可能瞬间被激活；而朱永新、王志江、新教育等词语则激活得较弱；至于化学物质、数学公式、大棚蔬菜、汽车等词语，则几乎不会被激活。这说明，当"南明教育"这一符号出现时，其后关联的一系列词汇和形象已经准备就绪，使得我们在后续阅读中提取信息的速度极快。显然，我们对南明教育了解得越多，正确激活相关词汇的概率就越高。反之，若了解甚少，遇到如马玲这样的名字时，阅读速度便会下降，因为我们对其缺乏足够的背景知识。

由此可见，读的书越多，越容易激活最相关的词语或形象，这就是默会理解的过程。起初，我们可能激活的是干国祥、马玲等名字，但随着了解的深入，贺佩佩校长、张智慧校长、原卫华校长等名字可能被激活；再进一步，更多与南明教育相关的教师，尤其是榜样教师，也可能被激活。

自动化阅读或阅读自动化，揭示了一个简单而深刻的事实：许多儿童学业落后，往往是因为不会学习；而深入的学习则是以具备一定的基础学习能力为前提，其中阅读能力尤为重要。因为在学校学习中，人类的知识主要以文字形式保存和传递。要从文字中汲取知识并转化为经验，我们必须以一定的阅读力为基础。阅读力，实质上就是阅读自动化的体现。高阶的阅读自动化还包括文言自动化等。这意味着，儿童在学习知识时，其注意力应聚焦于知识本身，而不被语言文字所束缚。阅读作为工具，只有使用得得心应手，我们才能专注于知识的获取。否则，若工具不趁手，我们的注意力就会集中在工具上，从而妨碍对知识的吸收。

有了这一基本理解后，我们再来探讨几个关于阅读自动化的问题：

第一个问题：为何我们要强调语境识字，而非大量识字？

思考一下，为何语境识字优于大量识字？以前，一些幼儿园会让儿童通过识字卡片进行大量识字。然而，这种方式虽能让儿童快速识字，但他们的理解力却并不高。他们虽能正确读出文本，却难以深入理解其含义。为何如此？因为他们的猜读能力下降了，字词间的关联想象力减弱了。阅读时，字词总是在语境中出现，一个字词往往会带动一组相关的字词。读得多了，我们就会知道某个字词常与哪些字词相连。比如，"打翻"一词，我们自然会联想到牛奶、饭等事物。这样，提取速度就加快了。而语境识字正是解决这一问题的关键。我们发现，在小学一年级，那些通过大量识字卡片识字的儿童，虽能读能背课文，但理解力不强；而那些识字量虽不大，但绘本阅读量多的儿童，其理解力却很好。而且，这些儿童在一两年内会迅速大量识字，超越那些单纯通过识字卡片识字的儿童，同时他们的理解力也会越来越强。因此，识字不应脱离语境，死记硬背和知识中心主义的方式并不可取。当然，我们也不能刻意让儿童不识字，因为识字量是阅读自动化的物质基础。对于汉字而言，常见字必须掌握，但并不意味着要像《中国汉字听写大会》那样追求识字量的最大化。因为通过《中国汉字听写大会》认识的很多字，大部分在日常生活中根本用不到。相反，通过在阅读中自然习得，我们不仅能认识更多与学科相关的字，还能真正理解和运用它们。

第二个问题：为何要减少使用拼音阅读？

这一点相信大家都很清楚。教儿童字的读音是必要的，但过度依赖拼音阅读会导致儿童形成懒惰的阅读习惯。字的关键在于其意义。我宁愿让儿童去猜读，哪怕猜错后不断自我修正，也不愿让他们依赖拼音阅读。因为重点是培养理解力。即使在没有拼音的情况下，儿童也会尝试猜测字的读音，这本身就是一种唤醒和学习的过程。而有了拼音，儿童就可能过分依赖它，从而忽视了字词本身的意义和语境。

第三个问题：猜读能力是如何形成的？

猜读能力的形成往往是在阅读过程中自然发生的。当然，语文教材也可以进行精确的训练来辅助这一过程。

这就是我们关于阅读自动化探讨的三个关键点。

二、如何提升自动化阅读水平

怎么样去提升自动化阅读的能力？

重点跟大家分享苏霍姆林斯基的两个方法：第一个方法，在小学期间儿童的朗读不少于 200 小时。大家可以去测算，我们一年有效的上课其实也就 200 天左右。苏联的小学是 4 年，大家可以测算一下，平均每天朗读多长时间。第二个方法，小声默读，不少于 2000 小时，包括课堂和家里的时间。这个其实就非常多了，比我们海量阅读的要求甚至还要高一点。他的建议就是要大量阅读，而且要用朗读和默读相结合的策略，就是先朗读再默读。低段更强调朗读，中段更强调默读。然后他说：

> 我们每一位教师都在努力，使五、六年级学生继续搞好表情朗读，这是很有必要的训练。没有这种训练，就不可能培养出用眼睛和思维把握住一个长句的逻辑上完整的部分，以及在思考的同时再向后面的部分过渡的这些复杂的能力。换句话来讲，就是必须教会少年儿童同时进行阅读和思考。(《给教师的建议》第 60 条）

什么意思呢？就是说，哪怕到了小学的高段和中学，如果自动化有问题，朗读仍然是非常好的训练手段。为什么朗读是手段？在朗读的时候，你必须一边朗读一边思考。你朗读的时候，不能够停下来。假如你只是看、默读，你可能就在一个句子上长久逗留。而朗读你不能停。这样的话就要求你一边读一边思考，这对儿童的阅读其实也是一种训练。

我们需要明确的是：这里的朗读，并非指那些流行但往往流于表面的恶俗朗读方式。有一种错误的朗读观念，即过分强调普通话的优美和情感的外部强加。我常常提到，即使是有感情地朗读菜谱，又有何实际意义呢？我们所说的朗读，更多的是指通过声音来传递意义和情感，而非仅仅大声地、整齐地或美美地读。

朗读的本质，在于它是一种理解练习，而非单纯的声音练习。在这个过程中，普通话的水平并非首要考虑的因素。重要的是，儿童能通过声音来准确表达文本的意义和情感。甚至在某些情况下，个别字词的发音准确与否并不是最关键的，关键在于能否通过声音传达出整体的理解和感受。

因此，我们重申一点：自动化阅读的培养，离不开朗读和默读这两种手段。朗读可以贯穿整个小学阶段，但其核心作用主要体现在低年级阶段。通过朗读，儿童能够逐渐掌握用声音传递意义和情感的能力，为后续的默读和深入阅读打下坚实的基础。同时，我们也应明确，朗读不仅仅是声音的训练，更是理解和情感的表达，是自动化阅读不可或缺的一部分。

中段的话，为了促成自动化阅读，我们一直在讲海量阅读。就说三四年级的阅读总量，每年不要低于 1000 万字。这个我们也经过验证，是可以做到的。如果没有达到自动化，对儿童中学阶段也会有很深的影响。苏霍姆林斯基说：

大约 20 年前，我在七年级的文学阅读课上，听了两个儿童的朗读，他们的朗读很单调，毫无表情，而且据我的感受来说，还觉得他们读得很紧张，很费劲。我觉得对朗读的人来说，那些词好像是一座复杂的迷宫，朗读者是在黑暗里穿越这些迷宫的，每时每刻都在碰到障碍，我在想："为什么他们会这样朗读呢？他们是怎样领会所读东西的意思的呢？"我把这个疑问写了几行在记事簿里，它一直使我不得安宁，我又去听了几次文学阅读课，于是我发现了一些奇怪的现象。

原来，这两个儿童不能用视觉和思维感知一个以上的词。用思维一下子感知好几个词，特别是一个长句的逻辑意义完整的部分，对他们来说是不能胜任的。我跟文学教师花了整整一年时间，想方设法来改善这些儿童的阅读技巧，但是毫无收获。然而，最奇特的，令人难以置信的，并且可以毫不夸张地说，使人惊异的发现，就从这里开始了。通过对这些少年的言语的研究，我断定，这种不会阅读的情况是早在三四年级的什么时候就扎了根并且固定化了的，它对儿童的思维留下了烙印。

我们把这种令人惋惜的现象称为"思维不清"。它表现为儿童的思想混乱，没有条理，好像患有幼稚病：你很难弄懂他想要说什么，他的思路从哪里开头和在哪里结束。他开始说一件什么事，很紧张、很费力地把几个词连接在一起，但是马上又好像忘记了他在说什么，断了思路，尽力地回想教师的问题而又回想不出。我们在六七年级又发现了几个这样的儿童，他们读起来都是这样：一个词一个词地读，非常费劲。记事簿里那条短短的记载，引发了一场广泛而持久的研究，迫使我去深入思考儿童和少年的智力发展的许多复杂现象。这场研究引出了一个初看起来使人感到意外的结论：不会阅读并不是智力发展上的什么不正常情况的后果，而相反的是不会阅读阻碍了抽象思维的发展。

我们感到自己对于一个人的命运负有重大的责任：他会不会阅读，决定着他的智力发展。教育上的"半成品"，会造成严重的后果。于是，全体教师在自己的日常工作中都开始特别注意阅读技能的培养。我们认为阅读不单纯是一种基本技能，而且是一个复杂的智力发展过程。我们开始努力做到不让任何一个儿童的阅读技能停留在对单个词的感知上。那样是很危险的。凡是一个词一个词地阅读的人，他必然在学习上遇到不可克服的困难，实际上他是不可能正常地学习的。我国学校里的成千上万的落后生、不及格生和留级生，一般地说就是那些没有学会阅读的少年。在许多情况下，教师认为这种儿童在智力发展上有些不正常的意见是对的，但是，在许多情况下，智力发展的不正常并不是原因，而是后果。（《给教师的建议》第 90 条）

当我们深入小学中高段的共读课堂时，我尤为关注儿童的朗读表现。倘若儿童在朗读时结结巴巴，且这一现象接连不断，我便会思忖，这个班级的儿童在阅读的自动化程度上或许存在不足。对于这样的班级，即便到了三年级、四年级甚至五年级，教师也应加强对长文挑战的重视。

这里的长文挑战，并非简单地指低年级时的长文阅读。整本书共读，也是我们进行长文挑战的理想材料。其中的诸多段落，都应在我们的推进课中加以强化。推进课上应更多地融入长文挑战，让儿童在挑战中逐渐成长。

我们也不难发现，许多成人在阅读时也会遇到类似的问题。比如，在咖啡馆里讨论《给教师的建议》时，有人负责朗读文本，大多数朗读者会提前准备。此时，我们能观察到朗读水平的参差不齐，这里的"不一"并非指普通话的标准程度，而是有些人朗读时结结巴巴，断句不当，这往往反映出他们的理解存在问题。换言之，他们对苏霍姆林斯基的思想并不熟悉，这体现了一种更高层面的阅读自动化缺失。

因此，朗读的重要性不言而喻。我们的朗读教学必须摒弃那种仅仅追求大声吼读的方式。我们要强调的是儿童对声音的控制感，让他们学会用声音去准确传递文本的意义。当每一所学校都致力于培养儿童控制声音、用声音表达意义的能力时，长此以往，儿童的生命将因此受到深刻的训练。届时，若有人来访参观，他们将能真切地感受到儿童朗读的与众不同。我认为，这一点至关重要。如果阅读的自动化未能完成，它将对儿童的中学学习乃至未来产生深远的影响。

三、写字自动化与写作自动化

刚才我们一直讲的是阅读的自动化。我们的题目是"自动化读写"，其中还涉及"自动化写作"。那么，自动化写作究竟是什么意思呢？由于这不是本文的重点，我们在这里简单提及。苏霍姆林斯基所讲的读写自动化中，关于写的自动化，主要指的是写字的自动化，即书写技能的练习，追求迅速而又理解的书写。但在这里，我们更强调的是写作的自动化，而不仅仅是写字的自动化。

为了更深入地理解这一点，我们需要进行分析。是写字能力即能正确、流利、快速地书写更重要，还是写作能力即运用语言表达思想感情的能力更重要？显然，对于写作自动化而言，更重要的是后者。儿童要达到写作自动化，并非仅仅通过足够数量的书写练习就能实现。苏霍姆林斯基曾提出，书写练习量应不少于1400页到1500页，这包括其他形式的小记录练习。然而，数量只是基础，更重要的是质量。

之前讲过，小学一年级儿童在学习书写时，要求不宜过高。每天书写到一定时间、一定量就应停下来，因为他们的小肌肉尚未发育完全，过早或超强度的训练会导致握笔姿势问题，甚至挫伤他们的自尊心。从二年级开始，可以逐步加强对书写的要求，要求二年级写得规范，三年级写得美观。二三年级是书写的黄金期，也是训练写字自动化的关键时期。但我们的重点并非仅限于此，而是更强调儿童组织语言的能力，即写作自动化。

写作自动化并非一种物理性的书写能力，而是心灵性的写作能力。这是苏霍姆林斯基理论中所遗漏的一点，而这一遗漏妨碍了其在智力领域概念的完整性和逻辑的自洽性。与阅读自动化相对应的，应是写作自动化，而非写字自动化。写字与识字相对应，因此，我们将苏霍姆林斯基的"读写自动化"中的"写字自动化"改编为"写作自动化"，或称为"自动化写作"。

那么，什么是写作自动化呢？它指的是能够轻松地用书面语言表达自己的思想感情。这实质上是一种翻译能力，即将内部的心灵语言、思想感情转化为书面语言的过程。而阅读自动化，则是将字词句篇翻译成意义与画面的能力。两者都是书面语法的默会、纯熟，与是否学语法无关，而是一种语用的、技能性的表现。

写作自动化与未自动化的区别在于，自动化写作时，注意力聚焦在思想与情感上；而未自动化写作时，则聚焦在字词上，缺乏恰当运用语言的能力。学困生往往无法准确地用语言表达自己的思想感情，这就是未自动化的表现。他们并不缺乏思想、情感或故事，而是缺乏将内部语言转化为书面语的能力。词汇量虽有一定限制，但关键在于恰当运用语言的能力。生活中很多人能说会道，但写作时却力不从心，这正是缺乏写作自动化能力的体现。

通常来说，写作自动化比阅读自动化滞后一年。如果儿童在三四年级完成阅读自动化，那么写作自动化最早可能在五年级完成，当然也有些儿童可能在四年级就完成。这意味着，在课程设计上，阅读自动化完成后，我们就应考虑写作自动化的课程。写作自动化课程并非仅在高段进行，而是从低段的读写绘开始，逐步过渡到三四年级的自由写作，再到高段的写作自动化核心课程。

单纯从写作序列来看，我们可以从读写绘过渡到图画加文字，再到纯粹用文字写作，进而到半命题写作，如续写、补写、仿写等，再到自由写作，最终将写作与课程紧密结合。这一课程设计的逻辑与原理，与我们之前所讲的自动化读写理念一脉相承。

四、延伸：一般能力的自动化

我们回到前面的话题，再探讨一下能力与知识的关系。因为我们一直在讲读写自动化，而我们知道，阅读能力、写作能力以及口语表达能力都是非常重要的。多重自动化能力的发展同样不可忽视。阅读自动化和写作自动化虽然是最重要、最基本的能力自动化形式，但它们只是能力自动化中的一种特殊表现。通过读写自动化这个概念，我们更应理解一般能力的自动化，这是非常重要的。

刚才我们也提到，做事的自动化、流程的自动化，本身就是自动化的一种体现。越成熟的班级、越成熟的学校，大家做事既多又轻松，原因就在于很多东西都达到了自动化。因此，读写自动化只是对一般能力中最重要的两项能力所要达成的水平的强调。从根本上讲，不仅这两种能力要实现自动化，其他能力如计算能力等也应形成自动化。一切知识都应该转化为能力，并尽可能实现自动化，我们也可以称之为默会。

比如，一个优秀的医生在判断病症时，凭的是经验与直觉，无需再查阅医学论著。他的很多医学知识已经自动化，成为专业本能。只有在面对疑难杂症时，他才需要额外思考。同样，一个合格的足球裁判对足球运动的基本规则也了如指掌，犯规时直接作出判断，无需犹豫，有时甚至能迅速出示黄牌或红牌，这也是自动化的体现。

我们学习苏霍姆林斯基教育学的最终目的，也是让苏霍姆林斯基的教育思想成为我们的专业本能。我希望我们的老师能将阅读自动化内化为一种信念，成为自动化的一部分。这意味着，当看到儿童出现相关障碍时，你会立刻识别问题所在，无需再翻书研究。

当知识不能达到自动化时，就可能出现理论上的"指读"现象，即将理论与现实割裂开来。比如，有些老师在读《给教师的建议》时，会将其与现实生活对照，认为苏霍姆林斯基的思想虽好，但现实中无法落实。这其实是对理论的误解。我们学习理论，是为了通过它获得理解，获得自由，解决我们自身的问题。

知识的自动化，就是让知识成为能力，变成一套解决问题的程序。当遇到相关问题时，知识会自动启动并发挥作用。这也是经验的本质。从这个意义上讲，学习就是经验的增长与更新。经验的增长就是自动化程序的增多，能够应对更复杂的问题；经验的更新就是自动化程序的升级、工具的升级。

尽管如此，在学校教育中，为了理解方便，我们仍将广义的知识分为知识与能力。知识像是我们要收割的谷物，而能力则像是工具，如镰刀。

要收割更多的谷物，就必须拥有锋利的镰刀，并不断打磨。如果镰刀是钝的，收割就会越来越艰难。后进生的情况就是如此，他们缺乏锋利的"镰刀"。这里的"谷物"指的是我们在两套大纲中强调的关键知识，即第一套大纲中的重要结论、概括、公式、规则、定理等；而"镰刀"则是指实际能力，同样归属于第一套大纲中的具体能力。这两者之间必须尽可能协调。第二套大纲则是现象、材料，是推动能力形成的动力。

在学习新知识、新能力的过程中，我们常遵循"熟悉加意外"的原则。比如读一篇文章，大部分字都认识，也能梳理概括，但有一些关键点不理解，这就是学习。如果都是陌生的，就无法学习，因为没有凭借；如果大多数东西是熟悉的，能力就能发挥作用，专注于不熟悉的部分。最近发展区理论也是这个意思。

现在有人对最近发展区进行了测量，并提出一个理论：学习一个知识或阅读一篇文章时，85%的内容应是熟悉的，15%是陌生的，这样学习效率最高。这相当于说最近发展区的最佳比例是15%。听起来有些荒谬，因为不同知识的性质不同，难以用统一数据衡量。但研究表明，这一理论在很多领域都得到了证实，对我们的教学设计也有很大启发。

回顾今天所讲的内容，希望大家能与前面的思维课、无意识记、有意识记、两套大纲等内容对照理解。理解人是双系统的，课程为何设计为双系统，这跟大脑皮层、杏仁核、边缘系统以及快速思考与慢速思考的关系密不可分。理解了这一点，就能明白为什么现代教育强调核心素养、培养儿童能力。因为儿童的核心素养能力越强大，其"中央处理器"就越强大，学习就会越轻松，越能实现真正的素质教育而非应试教育。如果能力不足，儿童学习就会依赖死记硬背，学得非常慢。应试教育让儿童痛苦的原因，就在于他们的能力与所学知识不匹配。我们需要足够的课程来刺激他们的能力发展。在所有能力中，从小学到初中，最核心的能力是读写能力，而读写能力的核心是阅读自动化能力。阅读自动化是苏霍姆林斯基教育思想中最重要的概念之一，值得我们长期研习，并融入教育教学实践中。

第七讲

直观性

每一位老师都希望自己讲课生动，我也不例外。生动有两种。一种是我们经常讲的幽默风趣，有的老师甚至是段子手，如罗永浩。这种讲法儿童很喜欢，但是与知识关系不大。当儿童所学的知识过于枯燥的时候，比如说在应试教育的背景下，涉及单词一类的背诵记忆，这种外部的生动是有价值的。就好像我们吃的很多食物，不是新鲜的，是加工过的，在食物本身、食材本身品质不好的情况下，我们就可以通过调味品提升食物的口味。儿童能够遇到一位幽默有趣的老师，那也是很幸福的。另一种生动更难，它是让抽象的知识变得直观。这是真正的高手。接下来十年，我的追求之一就是给别人把抽象的知识讲得直观。这一方面做得比较好的，像哈佛公开课《公正：该如何做是好？》。它就是通过类似于电车难题这样的一个设计，把有关正义的概念清晰直观地呈现在观众面前。它不是告诉我们正义是什么，柏拉图是怎么说的，苏格拉底是怎么说的，而是通过一个具体的生活场景的设计，就把我们在伦理学领域里面临的很多根本的难题直接呈现出来，而且让我们看到在解决这个问题的过程当中应该如何思考，它就是一种化抽象为形象的讲述。这就是高手中的高手。

我们有时候做老师很沮丧，因为儿童不认真听课。不认真听课有很多种原因，压力大、基础不好等。我们除了规训儿童，让儿童运用意志力保持专注，磨练我们的技艺实际上是更重要的路径。我们要想的是我们的课怎么样能够讲得很生动，而这个生动又不是说去调侃，简简单单地增加幽默，而是能够直接地把复杂的知识通俗易懂地让儿童眼前一亮，帮助他完成建构。

这方面，苏霍姆林斯基就给我们以很大的启发。他提出了关于直观性的概念，我认为这个概念其实是极其重要的。什么是直观？怎么样理解直观跟抽象之间的关系？怎么样在教学中正确地运用直观？直观教学有哪些误区？这些是我们这一讲的主要内容。

照例我们先读几则苏霍姆林斯基自己的论述，他说：

乌申斯基曾写道，儿童是用"形象、声音、色彩和感觉"来思维的。这一年龄规律性要求在自然环境中发展小孩子的思维，使他们同时能看得见、听得见、感受得到，并能进行思考。直观性是一种发展注意力和思维的力量，能使认识带有情绪色彩。由于同时能看得见、听得见、感受得到并进行思考，孩子的意识中就形成了心理学称为的情感记忆；记忆中形成的每个表象和概念不仅同思想有联系，而且同情感和感受也有联系。如果不形成发达的、丰富的情感记忆，就谈不上童年时代有充分的智力发展。

(《给教师的建议》第30条)

一个东西讲得太抽象了，你没有办法跟儿童的情绪产生关联，而没有情绪就没有理智。人的大脑如果情绪部分受损，就会影响判断力。你虽然理智很强大，但实际上你的判断力是受损的。

我们继续读，他说：

经验表明，这些学生的智力发展很大程度上取决于由形象思维向概念思维过渡，需要多长时间和经历怎样的步骤。有些学习困难的学生老是不行，老师也不知道对他们怎么办，如何激发他们的思维。这主要是因为，他们没有经过长时间的"形象思维"训练，教师却催促他们快些过渡到抽象思维，而学生对此却完全没有准备。要知道，学习困难的学生往往不会举例子说明费大劲才能记住的规则，这就是形象思维和概念思维脱节的一种后果，是教师操之过急造成的后果。（《给教师的建议》第 30 条）

这很多时候其实是对学困生而言的，学困生有时候记不住、掌握不了、不能理解，是因为在我们老师看来明明白白很直观的东西，对他来讲是很抽象的。我们要帮他完成从形象思维向概念思维的过渡，而不能一味地说他不努力、花的时间不多。很多时候我们看到的不努力是他遇到困难过不去，他就停在那里了，就产生畏难情绪，就倾向于放弃。如果一个儿童学习上能够获得成就、成果，他怎么会轻易放弃？

我们再读这一段：

我提出的目的是：要把周围现实的画面印入儿童的意识里去，我努力使儿童的思维过程在生动的、形象的表象的基础上来进行，让他们在观察周围世界的时候确定各种现象的原因和后果，比较各种事物的质和特征。我们的观察证实了儿童智力发展的一条很重要的规律性：儿童在课堂上要掌握的抽象真理和概括越多，这种脑力劳动越紧张，那么儿童就应当越经常地到知识的最初源泉——自然界里去，周围世界的形象和画面就应当越鲜明地印入他的意识里去。但是鲜明的形象并不像在照相底片上那样反映在儿童的意识里。表象——不管它们是多么鲜明，并不是目的本身和教学的最终目的。智育是从有理论思维的地方开始的，生动的直观并不是最终目的，而是手段：周围世界的鲜明形象对教师来说只是一种源泉，在这个源泉的各种形状、色彩和声音里隐藏着成千上万个问题。教师揭示这些问

题的内容，就好像在翻阅这本《自然界的书》。(《给教师的建议》第58条）

大家知道它其实是个建构过程。哪怕看外部的自然世界，也不是像照相机拍照一样，仍然是一种主动的建构。

一、什么是直观

读了苏霍姆林斯基讲的这么多关于直观的内容，我们来思考一个问题，到底什么是直观？在什么是直观这里，很容易产生误解，背后有一种深层的概念上的误解，比如说我们会把形象跟抽象分离开来，我们觉得形象就是形象，抽象就是抽象。我们要把抽象转化为形象，我们没有意识到其实抽象跟形象之间并没有截然的界限，它是一个连续的光谱。对一个人是抽象的，对另外一个人是直观的，这是我们在整个这一讲里反复要强调的。因为大家会误解。我们以为直观就是我们五官所触及的，我们眼睛看得到的是直观，眼睛看不到的就不是直观；鼻子闻得到的是直观，鼻子闻不到的就不是直观；手能摸到的是直观，手摸不到的就不是直观。这是一种误解。这种误解就会导致我们在教学当中有时候会犯一些错误，有时候错误犯得还很严重。

有一位数学名师叫俞正强，他写过一本书叫《种子课》。他在里面讲了一个案例，说有一个老师上示范课《认识千米》，他就让全体儿童在操场上走了1000米，结果听课的老师在教室里等了10多分钟以后，才看到上课老师带领儿童回来。那么，请问大家，这是直观性吗？儿童走了1000米，体验了一下1000米是个什么概念，这是直观性吗？老师犯的错误在哪里？

我们在教计量单位的时候，克、千克、吨或者毫米、厘米、分米、米等，儿童是需要体验的，这个体验就是儿童养成数感的过程，儿童不能够只计算。我以前举过例子，我上小学的时候，数学也不错，考试基本上也能考到非常好的成绩；但是因为老师的教学方法，我并没有良好的数感。我做了校长以后，别人到学校来参观会说：你这个报告厅或者这一间教室好像挺大的，它有多大？我不知道。我心里想，我要是知道它的长和宽，我就可以告诉你它的面积，但是只看这个空间我判断不了。为什么？因为我没有面积感。面积感就是数感，所以数学是需要数感的。

我们在讲到数感的时候，这种"感"其实就是一种直观性，是你对计量单位等东西的一个感观的体验、一种认识。问题在于哪里呢？你不能够觉得所有的感觉一定是你的五官直接感受到的，因为五官直接感受到的是有限的。这就涉及两种直观，你也可以说两种对计量单位的感觉。这两种对于计量单位的感觉，俞老师把一种叫体感，身体的感觉，基于身体的体验；另一种叫数感，就是数感的体验。

基于体感的体验，就是说你可以通过身体去感知判断什么是米，什么是分米，什么是厘米，你可以用身体直接去感知，这个是基于体感的体验。数感的体验是你不能够直接通过感观知觉获得，你是通过数学的逻辑推理和想象形成。大家注意这个地方出现了"想象"。你不是直接感受的，你是想象的。

我们对于宇宙的感觉，不靠想象，靠什么？有一些计量单位你是没有办法用手去感知的。比如说你可以用手去感知千克，但是你能够用手去感知克吗？一克到底有多重，你无法感知，你没有办法形成关于它的体感，或者说手感。吨也一样，一吨太重了，你也没有办法形成体感。关于克、关于吨，对它们的感觉是怎么形成的？其实我们靠的是，由我们体感出发，一种基于数感的逻辑推演能力，它是以想象的方式去感受的。这就是直观性的一个重要性。

大家可以想象一下，直观是人类认识的起点。人类所有知识的产生，都是我们对外部世界或者我们在经验世界里直接感知，这是全部认识的基础。但是人类的直观要拓展，它不仅仅包含了我们刚才讲的身体的那种直观，同时我们的想象、推理、逻辑还给了我们更高的直观，这就形成了两种直观。

我们用哲学家的话来讲，一个叫感性直观，直接能感受到的，另一个叫本质直观。我们在教学过程当中，尤其是低段，很多时候运用的是感性直观；但是到了小学的中高段，到了中学阶段、成人阶段，我们更多的时候讲直观，讲的是一种本质直观。好多直观是看不到的。你说什么是正义，你怎么看得到？这不是一个物品你能感受到的。所以它就有赖于本质直观。直观比我们想象中要复杂。只强调感性直观，有时候会出现问题。

我们带来两个概念，这两个概念我是超越了苏霍姆林斯基，引入了哲学概念现象学的，尤其是胡塞尔的现象学。因为现象学往往会强调回到事实本身，所以直观性是现象学的基本原则。

现象学为什么把直观性作为它的基本原则？因为在现象学看来，我们现代人思维最大的弊端，是把思维和直观分离了，就是哲学上的二元论——理性与感性，给分离了。

我们人在认识之初，对世界的认识是直观的，这个时候感性、理性还没有分离，我们是用直观的前概念去把握整个的世界；在我们中国的哲学里，其实就是一个无的阶段，"无中生有"的那一个无的阶段。

我们现在不能讨论哲学，不能讨论现象学，我借用了一个概念帮大家理解：感性直观把握的是感官对象，比如具体的颜色、大小、材质；而本质直观把握的是普遍的观念对象，比如理解公平、因果关系、万有引力定律。虽然这两个概念比较抽象，但是大家对这两个概念先有一个理解，是非常重要的。

我们举一些例子，来看本质的东西是怎么样变直观的。语文里的直观是什么？我们在讲到语文教学的时候，经常会说好的语文教学是诗与思的交融。我们讲到思的时候，讲的是理性；讲到诗的时候，讲的其实就是直观。诗有不同的直观，浪漫、精确、综合。浪漫是原初的诗观，比如我们讲的兴发感动，而到了综合阶段是经过思以后的更高位的直观。所以我们在文学里会讲涌现、显现，或者叫去蔽、共鸣，大家会发现共鸣也好，显现也好,诗也好,都激发了我们强烈的感情,为什么?因为它们是很直观的。

从语文的角度来讲,不同文体的直观的手段是不一样的。我们会说寓言是说理的直观,诗歌是感情的直观,童话是愿望的直观,而神话是人类的本性潜意识的直观,小说是现实的直观。我们经常说小说比现实更真实,小说就是用来让现实中你习焉不察的东西被看见、被显现的,这也是一种直观。所以,写小说的人就是要去象征生活、隐喻生活。我们可以说自卑是一个心理现象,自卑情结是一个情感的概念,"丑小鸭"这样的童话,就是对自卑情结的一种显现。

理解这一点对我们语文教学也非常有帮助。以寓言为例,愚公移山、自相矛盾都属于寓言故事,是一种说理的直观。为什么说寓言故事是说理的直观?寓言就是给别人讲一个道理,但是这个道理我很难讲得通,于是我讲一个故事。我在讲故事的时候,会让你看到你的所作所为跟故事里的东西非常类似。你的所作所为,你做的许多事情,是荒谬的,是违反逻辑的,你是不知道的。我通过一个故事来象征你的生活,让你自己习焉不察的、自己看不到的东西显现出来。

所以我们可以看到,寓言大多数是荒谬的,像自相矛盾、刻舟求剑,大都是荒谬的。既然是荒谬的,为什么能够变成一种说理的直观?我们可以想到自相矛盾很荒谬,我们现实生活中不可能发生,就像南辕北辙不可能发生是一样的。为什么用自相矛盾就能让需要说明的道理显现出来?在生活中,我们的思想、我们的意识、我们的行为很多时候是不一致的,如说一套做一套,我们的愿望跟我们的行动往往也是不一致的,是自相矛盾的,但是我们意识不到。别人来给你讲道理,他用了这样一个故事,相当于把你生活当中的那种冲突给你揭示出来;你一下子就明白了,原来自己是自相矛盾的,你就知道这样做是荒谬的。它就给你带来一种调整的可能。所以寓言就让道理变得直观。

理解这一点对我们有什么好处?我们上课的时候,也要让寓言变得直

第七讲 直观性 · 115

观，我们不能够直接地就寓言去讲，那样反而丧失了寓言的本意。比如说我们讲愚公移山，愚公觉得山挡了路，他就率领全家老小，要把山移掉；结果感动了上苍，帮他把山移走了，自此道路通畅了；然后我们跟儿童讲，做什么事情要努力、要坚持，相信种子，相信岁月。这样讲不对，因为我们并不知道愚公移山这个故事是讲给谁的，为什么讲愚公移山这个故事，愚公移山这个故事是如何深入人心的。我们脱离了愚公移山故事的背景，这个故事本身对于我们就变得晦涩了，就变得抽象了。我们很难理解，我们解释不了为什么一定要移山，而不是搬家。你一个老头能活几年，你折腾全家人整天没事在那里挖山，而且还子子辈辈无穷无尽，他们不干其他事吗？生命就是为了移山吗？你的手段和目的是不是背离了呢？还有，这个山真的是被你移掉的吗？后面还不是上天被你感动了，帮你把它移走了吗？如果上天不帮你移，你不是现在还在移山吗？这些问题都没有被解决。

但是如果我们还原到了农业时代的场景，儿童就明白了。在农业时代，勤劳是非常重要的，世世代代的农业社会都教导我们要勤俭持家。俭就是防止过多的浪费，勤就是要努力地增加家庭的收入。这在那个时代就是真理。当你这样来讲的时候，愚公移山这个故事就讲活了，这就是一种显现。如果你仍然按照原来那样去讲，儿童就觉得傻乎乎的，对吧？

当你知道了愚公移山产生的背景，你必然就会意识到今天已经不是农业时代了，今天是一个工业时代，我们今天讲要刺激消费，勤俭持家好像也过时了。

我们今天怎么理解愚公移山的精神？愚公移山的精神到了当今时代，它的价值在哪里？这就带来一种思辨，这种思辨就会带来我们对这篇文章理解的深刻。理解的深刻，其实就是一种思维的豁亮。这种思维的豁亮，突然懂了，它伴随的情绪就是一种直观，这个直观就是把抽象的东西转化为我们能理解的东西。能理解的东西，它就变成你的东西，虽然它是以概念的方式储存在你的生命里，但它仍然是直观的。

这就带来一个问题：就是可能我们今天在讲知识的时候，仍然是在死记硬背，以抽象的方式在教，这也就是儿童感到困难的原因。

我们再举两首词，一首是《渔歌子》，一首是《思帝乡》。

渔歌子

西塞山前白鹭飞，桃花流水鳜鱼肥。

青箬笠，绿蓑衣，斜风细雨不须归。

思帝乡

春日游，杏花吹满头。陌上谁家年少，足风流。

妾拟将身嫁与，一生休。纵被无情弃，不能羞。

你发现《渔歌子》这一首词，就是用诗歌的方式表现的一种直观，它是一种生活方式或者生命姿态的直观。它里面用的符号都是直观的，比如说西塞山前白鹭飞，为什么不是老鹰飞？为什么要用白鹭？为什么是桃花流水？为什么是鳜鱼？为什么是箬笠和蓑衣？

古人很有意思，他在讲白鹭的时候，是跟自由关联的，是一种用直观的方式去表达的符号。我们在讲思念的时候，不说思念，思念很抽象，我们说月亮。月亮就是思念的一种直观，它用形象的东西去表达一种抽象的感情。

同样地，为什么用的是桃花流水？桃花流水就跟《桃花源记》有关系，它就跟隐居生活、世外桃源有关系。为什么是鳜鱼肥？实际上它表现的是一种家居的生活方式。为什么是青箬笠、绿蓑衣？因为它们都跟隐士相关，背后有一个渔翁的意象。渔翁是从屈原讲渔夫开始，渔翁也成为一种隐居的象征。所以整个的诗歌不是积极进取的，它不是儒家的，它是一种道家的、放松的、躺平的生活方式或者生命姿态。它里面用的所有意象，都是一种理性直观，一种本质直观。我们会说这样的诗歌不是写境而是造境，也就是说它不是对生活真实的描摹，它是用了一些文化符码，直观地把一种生活方式、生命姿态呈现给你，这也是一种直观。

再比如说这首《思帝乡》，为什么是"春日游"？为什么是"杏花吹满头"，不是桃花或者别的花呢？它都有用意对吧？它也是一种造境。中国的诗歌往往是造境的，不是写景的。为什么是杏花？我们知道杏花的花色是洁白中透着一些粉嫩，就像少女害羞时的脸蛋一样可爱，有一种娇羞可爱，所以古人经常用杏花来比喻少女心中有了仰慕的人。所以他用"春日游"，有一种怀春的感觉。它的词语的选择都是一种直观，这种直观节约了笔墨，它不用论述很多。"陌上谁家年少，足风流。妾拟将身嫁与，一生休。纵被无情弃，不能羞。"看起来选择男朋友很草率，但其实不是这样的。一个少女在生命中最好的年华，内心对爱情的一种渴望，这里用一组意象表达出来，就非常有价值。

它就是一种直观，有意思的是，当我们理解了这个以后，我们可以用这一首诗的直观诱发一个人另外的直观。我们可以把它当作一个符号，来表征一种生命姿态、一种生活方式。这就像王国维讲人生的三重境界，他就是用这些来代表人生的境界。

我们发现作者韦庄不仅仅是在写这个少女，同时他也是在写少年时的自己，甚至是此时此刻的自己。他把自己比喻成一个少女，让人看到他的内心深处充满了一种愿望。他的愿望不是对一个少女的愿望，他的愿望其实就好像说我们一个人在生活中最好的时刻，充满了一种理想，想要去做很多的事情。对酒当歌，人生几何。在这个背景下，我们想要人生有所成就，希望生命能够自我实现，想要去投身一个事业，哪怕事业最终失败了，也不能休。

它完全可以用来迁移，表达一种理想志意的直观。很多年前我在做新教育时讲这首词，表达的就是这个意思。我投身新教育，也有一种"妾拟将身嫁与，一生休。纵被无情弃，不能羞"的一种理想，一种志意。我做这个事情，也是不惜代价不惜成本，不论最后的结果如何，我也要做。因为我们人是有理想的，我们有一些愿望想要实现，就非常有价值。它代表一种生活方式，一种生命姿态，不计较名利，在一件事情上全身心投入。这是一个少年的明亮状态，是一个生命最好的状态。当把这样的诗歌带给儿童的时候，就能够激发儿童的一种理想主义情怀，毕竟一个人一辈子不能够只是世俗地活着，那样生活就没有了激情。

我们今天给儿童讲古诗的时候，经常讲的是作者是谁，他有哪些作品，这首诗每一句话应该怎么翻译，表达了怎样的思想感情。当我们这样讲的时候，就把一首非常好的诗歌讲抽象了，把它讲死了，讲僵化了。

我们讲诗的时候，对这首诗歌没有感受，没有一种直观，儿童对这首诗歌也没有一种直观。儿童在面对诗歌的时候，他就是背诵和默写，对诗歌就没有一种兴发感动，没有一种直观，这样的学习对儿童来讲是枯燥的。当我们学一首诗，只是为了考试的时候默写对，我们还会记得这首诗吗？这首诗会在我们的生命中发挥巨大的作用吗？那显然是不会的。

这还仅仅是文科里面的直观。苏霍姆林斯基更多讲的是概念的直观，怎么样让一个概念在儿童那里变得灵活，这就是我们需要思考的。

二、教学上如何运用直观

我们在教学上如何运用直观？

刚才讲的直观，它首先是从生活经验出发的，比如说你给一个从来没有见过香蕉的儿童出示一串香蕉或者香蕉的图片，你可以帮助他建立起香蕉这种水果的形象，这是一种直觉的直观。我们在讲识字卡片的时候，让儿童对着识字卡片识字，那就是一种直觉的直观，这个是有价值的，可以做的。

但问题是当你在讲"之乎者也"的时候，儿童怎么样用识字卡片直观？汉语里只有一小部分字词可以用图片来直观，更多的表示的是抽象的概念，比如说副词、形容词等，你怎么样用识字卡片对它进行感觉的直观？这个时候长文挑战、阅读，呈现的就是一种本质直观或者叫思维的直观。儿童看到一个字一个词是怎么在具体的活的语境当中成为一个完整的画面、完整的形象、完整的故事一部分的时候，经过无数这样的直观，儿童将会建立起对抽象的字词的直观。这就是两种直观。

儿童在语境当中理解到的直观，是一种本质直观。在数学教学里，这种本质直观更多的是一种关系的直观、思维的直观。比如说科学实验，就是一种因果关系的直观，它让你看到一个事物的因果关系。数学学习中解应用题的时候经常会借助画图，尤其是线段图，比如说路程问题、速度问题，它就是用图形的关系把题目中的关系表现出来，以减轻儿童的认知负荷，这也是直观，这种就不是滥用直观。

今天有的时候，尤其上公开课的时候，我们以为把PPT做得很花哨，眼花缭乱，用很多的音乐就是直观，其实这往往是错误的直观。我们前面也讲了，直观与抽象之间并没有一条截然的界限：一种表达究竟是直观还是抽象，往往取决于认知主体的经验水平。直观与否是对认知主体就是我们讲的儿童而言的，脱离了认知主体，脱离了儿童，任何表达既可能是直观的，也可能是抽象的。

以绘画为例。苏霍姆林斯基就讲过，绘画的直观性不仅是把表象和概念加以具体化的手段，而且是表象从世界里解脱出来，进行抽象思维世界的手段。可是我今天画了一个简笔画，画了一只猫，相对于真实世界里的猫，它是抽象的；但是对于猫这个词，它又是具体的。所以直观跟抽象是相对的。

我们再举个例子，假设一个小孩从来没有花的概念，你将如何教给他？第一个老师给小孩看了一朵具体的花，小孩明白了，这就是花。他只要看到跟这朵花形状、颜色不一样的花，他就认为这不是花。他的花的概念非常模糊，他以为只有老师给他看到的这个才是花。就好像说我在小学阶段，你让我看鳝鱼，我以为它是蛇。我意识不到它是鱼，为什么？因为我看到的鱼的形象是非常有限的。假如我们换第二个老师，他给儿童看了各种各样的红色的花，小孩就明白了，他就会逐渐舍弃形状上的特征——注意这是一个抽象过程，舍弃次要的无关本质的特征——但他只要看到一朵白色的花，他就认为它不是花。第三个老师给小孩看了一组形状颜色都不同的花，小孩又明白了，他会逐渐舍弃形状和颜色上的特征，这个时候他对花的认识加深了。因为样本的丰富性，这种直观的丰富性，他逐渐地从无关紧要的细节中摆脱出来，他就能够抽象出花，认识花的本质特征，他关于花的完整的概念就形成了。这个过程是一个从具体到抽象的过程。完全的抽象，它需要把非本质的次要的特征逐渐地去除，它就走向一种真正的抽象。

我们的教学就是帮助儿童由形象直观不断地引向抽象，不断地去除非本质的特征。教学很多时候出现问题，就是直观运用不对。你跟儿童讲三角形的高，如果你画一个正三角形，儿童关于高的概念有局限，突然出现一个钝角的高，竟然在三角形的外面，儿童就有一点茫然，因为这意味着它的抽象程度不够，他的概念建构不够，这个时候儿童需要更丰富的直观。他要看到不同的三角形，直角的、钝角的，还有三角形不同的摆放方式，底边可以朝上，可以朝左、朝右、朝下，当儿童看到足够多的三角形，他就能够从直观当中抽象出三角形高的概念。这是非常重要的，否则很多时候儿童无法从直观性里抽象出来。这在小学里很普遍。

比如说我们讲到角的概念，往往会画一个角，而且我们画的角往往是一个锐角，结果儿童就受制于直观性，他没有办法完成角的抽象，他以为这个角就是这样一个形状。这个形状有时候是锐角，有时候是钝角，有时候是直角，儿童就会对180°角、360°角缺乏感觉，720°的角他就更不知道为什么会这样。他没有完成抽象。这就需要在直观性上用更好的直观，比如说从一个顶点出发，你画一道线，然后让这个线围绕这个点进行移动，在这个过程当中让儿童不断观察角，观察角的变化，他通过这个变化就意识到角可以是任何度，一万度、两万度都可以。因为角的本质概念是从一个顶点出发的一条射线的运动轨迹，这个时候儿童就彻底地摆脱了他对角的那种片面的直观的认识。所以，有的时候直观运用不当，会妨碍对后面概念的理解。

回到刚才花的概念，儿童的认知会不断地深化，知道还有浪花、雪花、烟花、姐妹花、花花公子、花样年华、花名册、花言巧语、花天酒地……他对概念的理解就灵活了。他以后要成了作家，还可以给花创造出更新的定义。

所以在这个地方我们会发现，老师如果对概念的理解不到位，在运用直观性的时候就会出现问题。但是不管怎么讲，这个过程就是一个不断地从直观到抽象的运动过程，这个运动过程就是概念理解不断加深的过程，也是知识不断活起来的过程。我们的课难就难在怎么让知识活起来，不让儿童感觉到那么抽象。

所以教学的艺术就是准确地判断儿童的思维处于怎样的程度，然后决定在传授概念时是更直观一些还是更抽象一些。

对学习困难的儿童，所谓的降低难度，更多的时候是用更形象的方式，然后给儿童搭梯子、搭支架，让他向抽象过渡。对于学习优异的儿童，所谓的提高标准就是更抽象，从更高层面让他把握。

关于直观和抽象，还有一个认识上的误区，就是好像直观是低级的，抽象是高级的，这个认识肯定是有问题的。到了最终，直观和抽象是没有边界的，抽象就是直观，直观就是抽象，这是我们要抵达的一个更高的境界。

直观教学要避免一些误区，这个问题我们再看一看苏霍姆林斯基怎么说：

但也不能夸大自然界在智育中的作用。有些教师抱着一种很错误的看法，他们认为，只要有自然界存在于儿童的周围，那么这一事实本身就包含着智力发展的强大动力。只有人去认识自然界，用思想去钻研因果联系的时候，自然界才能成为教育的强大源泉。过分强调直观性，是把儿童思维的个别方面绝对化,把知识活动局限于感觉的范围。不应当把儿童思维的特点——包括儿童是用形象、色彩、声音思维的这一特点偶像化。固然,这一特点是客观真理,乌申斯基早已证实了它的重要性。但是,如果说儿童是用形象、色彩、声音思维的,那么由此并不能得出结论说,不应当教给儿童进行抽象思维。有经验的教师在强调直观性的重要性和自然界在智育中的重大作用的同时,也把这些因素看作发展抽象思维和进行目的明确的教学的手段。(《给教师的建议》第58条)

这讲得很清楚,你不要以为你游学带着儿童到自然中去了,儿童自然就长了见识了。不是这样的。你必须做课程做设计,否则的话他只是旅游了。就像有人说的,不读书行万里路,只不过是个邮差。

在一个真正的教师手里,直观手段不仅仅是为了掩饰,为了形成关于事物的鲜明形象,而且是为了让儿童进行独立研究。这里包含着一种特殊的教学论目的,在独立研究的过程中,儿童头脑里会产生许多问题,在普通的经常遇到的事情中有许多复杂的东西,这一点使他激动,促使他去思考现象的本质。

我们讲的交集点,要引发他的认知冲突,让他兴奋,这样的现象才是好的直观性。

所以这也是一种情绪意志刺激,没有它,思维活动的幼芽就会枯萎。不应当过分地追求直观性,不要在儿童早已知道的东西周围摆满各种直观手段,这会阻碍抽象思维的发展。即使教师拿一只活猫到课堂上来,儿童对猫也不会有更多的理解。如果真的有必要讲到猫,你就想一想怎么给儿童讲一点完全新的东西。这个讲的是非常有道理的。什么意思?就是说我们运用直观的目的是为了形象,还是为了摆脱形象?

大家思考一下,准确地讲是为了通过形象摆脱形象,所以运用直观的成败取决于你让儿童的注意力逗留、集中于形象,还是寓于形象中的抽象。举个例子,伟大的爱情片跟平庸的爱情片的区别在哪里?伟大的爱情片会通过生动鲜明的形象，以及主人公在关键时刻的选择，把观众引向对于爱情以及人的自由与尊严的思考，这是抽象主题。

在伟大的爱情片中，这些抽象的思考是活生生地体现于生动的人物形象中的。观众的注意力，始终聚焦的是主题的思考。但是平庸的爱情片导演会通过强化某些刺激，像演员的颜值、装扮风情，甚至是激情戏，或者说主人公动辄得了癌症，过于戏剧化的以催泪为目的的情节足够刺激，让人感动。我们经常讲感动令人目盲。这个时候观众的注意力停留在刺激上，幻想由此引发的冲动、肤浅的感动，而没有办法进入到对爱情本身价值与意义的抽象思考之中，所以它就没有办法把人带向深入。

大家会发现这个区别也是优秀的文学作品跟平庸的文学作品的区别：越伟大的艺术其实越让人思考，越肤浅的艺术越刺激人的感官。我们以前也讲过，这也是优质课堂跟平庸课堂的区别。所以我们在课堂上不能够单纯地刺激、简单地比附，最好的课堂是我们刚才讲的诗与思彼此水乳交融的课堂。这个时候抽象的知识是以直观的方式显现的。

我再举个数学上的例子。老师让儿童摆小棒的目的不是为了让儿童的注意力聚焦在小棒上，恰恰是为了让儿童通过小棒去理解寓于小棒之间抽象的数学关系，真正要理解的是它所代表的抽象的数学关系。所以错误的直观教学，就是老师经常有意无意地为了吸引儿童的兴趣，将儿童的注意力引向形象本身，而没有引向关系，没有引向最主要最本质的东西，就是通过直观想要让儿童理解的内在关系。比如说摆小棒，如果儿童的注意力放在小棒的形状跟颜色上，那就偏离了本质。

再比如说，儿童本来要理解的是"春色满园关不住，一枝红杏出墙来"里蕴含的关系，关和出之间的紧张关系及其象征意义，但是老师用大量的图片和视频，结果这个图片和视频把儿童的注意力引向了春天的美丽——而且这个春天的美丽不是诗人所写的春天的美丽——那么这种不恰当的直观导致的不恰当的刺激，反而是对学习的妨碍。

还比如说，你今天要去讲课文《九寨沟》，讲之前你能出示九寨沟的图片吗？你一旦出示九寨沟的图片，再讲《九寨沟》就没有意义了、没有价值了。因为作者描写的九寨沟跟你出示的图片上的九寨沟不一样，作者是重构的，写的是他眼中的九寨沟，我们学《九寨沟》学的是语言文字，我们要通过作者关于九寨沟的描述去想象九寨沟的美景。课上完以后你可以再展示九寨沟的图片，但是你不能够在上课之前出示，这个时候先入为主地给了儿童形象，儿童通过思维去想象九寨沟的过程就被剥夺了。这也就是我们直观教学当中最容易遇到的问题。

我们最后用三句话来总结。

第一句话：直观教学只是手段，而非目的，是为了刺激思维使儿童发展抽象能力，而不是为了简单地吸引注意力。许多花哨的课堂，老师用了许多图片、音像资料，固然吸引住了儿童的注意力，但本质上是一种猎奇，丧失了思维的深度。说到这个地方，我要再加一句，儿童学习的时候，往往是多通道加工的，比如既通过语言也通过画面，我讲这个画面不是大家想象的照片式的画面，我们说的是图表，图表就是一种画面。这就意味着我们在讲复杂性的东西时，最好既借助语言，也借助图表或者画面。我们用两种通道去讲的时候，儿童会学得更好，因为它会相互解释多通道的加工。如果只是语言教学或者文字，儿童理解起来就非常抽象。多通道的加工就相当于说我们不仅用的是语义的记忆，同时还用的是形象的记忆、图像的记忆。我们做 PPT 要把语音记忆跟图像记忆结合起来，但是你的图像应该指向你要解决的问题。这里给大家强调一下。

第二句话：直观性能给认识带来情绪色彩。如果没有情绪记忆，就谈不上儿童圆满的智力发展。情绪很重要，这一点不仅体现在语文教学中，数学也是一样的。儿童通过手指、小棒、围棋等方式学习，它的意义是什么？它不仅仅是更直观更容易理解，而且儿童在用手指、小棒、围棋来进行运算或者思维的时候，他所获得的知识是确信的，这种信赖或者信任也是一种积极情绪。这种积极情绪越强烈，儿童对于知识越有信任感，这就是我们一般讲的知识即信念的含义。

当知识没有变成信念，就意味着你对知识不信任，知识就是外在于你的词语。你对知识的理解越深刻，运用越深入，知识越能成为你的信念。知识成为你的信念，这是最重要的。

第三句话：个别困难儿童的出现，是因为没有经过一番长期的形象思维的训练，过早转向抽象思维所致，是形象思维与概念思维相脱节的结果。理解了这一点以后，我们给儿童补课的时候，就不能让儿童一遍一遍地重复记忆和背诵，一遍一遍地做大量的题目。儿童学的东西太抽象了，他要经过漫长的形象思维的铺垫。就语文来讲的话，儿童的阅读理解、写作需要数量，儿童记不住词，原因是什么？形象不够。所以需要长文挑战。长文挑战其实就是帮儿童发展形象思维。在数学上就是儿童要往前追，有的人要用图表，要跟儿童回到一个更具体的阶段，帮儿童从头去建构。这就是直观性，这就是我们讲的真正的直观性，不能脱离思维的直观性。

直观性在教学中是一个非常重要的概念。

第八讲

交集点

从事教师这个工作，其实几乎所有的老师面临的最大的挑战并不是什么考试成绩。那最大的挑战是什么？是怎样让儿童喜欢上自己的课堂。我们很难接受儿童在我们的课堂上走神、无所事事。如果到了中学阶段，有的时候他还会挑衅老师。但是一个老师终其职业生涯，想要做到讲好自己的课、让儿童喜欢自己的课，其实非常非常困难。

我们今天这一讲所讨论的问题，就跟这个话题息息相关。讨论能够解决让儿童喜欢上课这件事情吗？肯定不能。因为要让儿童喜欢上你的课堂，在根本处取决于，你对知识本身的深刻理解以及你对儿童的深刻理解，尤其是你对知识的深刻理解。这并不是教育学要解决的问题。但是教育学的好处是可以帮你把朝哪个方向努力梳理清楚。

同样地，我们今天在讲交集点之前，可以一起回顾一下苏霍姆林斯基关于交集点都讲了些什么。在读的过程当中，大家也可以去思考、去推测，苏霍姆林斯基在讲交集点的时候到底在讲什么。

在《给教师的建议》第 8 条，他这么讲：

获取知识——这意味着发现真理，解答疑问。你要尽量使你的儿童看到、感觉到、触摸到他们不懂的东西，使他们的面前出现疑问。如果你能做到这一点，事情就成功了一半。但是做到这一点并不那么简单。在备课的时候，你要从这样的角度对教材进行深思熟虑：找出因果联系正好在那里挂钩的、初看起来不易觉察的那些交接点。因为正是在这些地方出现疑问，而疑问则能激发求知的愿望。

第11条：

对学习最"差"的和学习有困难的儿童来说，对新教材的这个专门思考的阶段尤其必需。有经验的教师都特别重视让学习有困难的儿童集中注意教材中的一些"点"，这些"点"实际上就是因果联系，即知识的基础。多年的经验证明，学习困难的儿童的知识不够巩固，根源就在于他们没有看出、没有理解各种事实、现象、真理、规律性之间相互交接的那些"点"，正是在这些"点"上产生了各种因果的、机能的、时间的及其他的联系的。正是对这些"点"，应当引导学习困难的儿童加以注意。

第21条：

对知识的兴趣的第一个源泉、第一颗火星，就在于教师对上课时要讲的教材和要分析的事实所抱的态度。真理的知识在儿童意识中的产生，来源于儿童认识到各种事实和现象之间的那些接合点，认识到把各种事实和现象串联起来的那些线索。我们在备课的时候总是努力思考和理解那些接合点和线索。因为只有抓住这些思想的交接点，才能在认识周围世界的真理和规律中揭示出某种新颖的、出人意料的东西。

第51条：

怎么才能做到使教学成为复杂的思考工作，成为获取知识的活动呢？这里什么是最重要的呢？获取知识就意味着发现真理、发现因果联系及其他各种联系。这就意味着解决疑问。你很熟悉，当教室里出现那种"不懂的地方已很清楚"的迹象时，或者形象地说，当这只鸟降落在教室里的时候，儿童们的眼睛是怎样闪闪地发光，教室里是笼罩着一种多么特别的、难以比拟的寂静气氛的。你要努力做到，使你的儿童们十分明智地理解、感觉到和看到那"不懂的地方"，——就是说，使他们的眼前出现疑问。

你看，不懂的地方也很清楚，这就是我们讲的"我知道我不知道"。很多时候课堂上儿童麻木，是因为他处于一个叫"我不知道我不知道"的状态。他很麻木，也很抗拒。一旦他知道他不知道，不懂的地方已经很清楚了，他的状态就不一样了。

继续读：

就是说，在备课的时候，正是要从这个观点对教材进行一番思考：要找出那些乍看起来不易觉察的"交集点"，即各种因果联系、时间联系、机能联系交叉集结的地方。因为疑问正是从这些联系中产生的，而疑问本身就是一种激发求知愿望的刺激物。

……

常用这样的情况，就是引导儿童接触问题以后，由你自己来讲解教材。为了使儿童在这样的情况下也能积极地学习，你就应当清楚地了解每一个儿童的知识水平：有的儿童知识水平高些，有的就低些；有的儿童能牢记学过的东西，有的就忘掉了一些。正是在这里，你要当好儿童脑力劳动的指导者，使每一个儿童在仔细听你讲解的时候就跟着你的思路走，并且同时在自己的知识储备里找出那里保存着的东西。如果在预定应当保存知识的地方是空白点，如果有的儿童已经迷失了你讲课的思路，那就必须以补充的讲解来填补这个空白。这是需要很高的技巧的。你要能够看得出，正是现在，在这一瞬间，有的人已经"断了线路"。你要能立刻就回想起儿童忘掉的可能是什么地方，听不懂教材的原因在哪里。常见的做法是，在这个时刻，你要想取得"反馈信息"，可以提个问题，让儿童用一句话或几句话简短地回答一下，你就已经清楚地知道，个别儿童发生了什么困难，以及怎样帮助他们去克服这些困难了。

然后再看最后一部分：

在讲课过程中，有经验的教师正是在那些各种思想相互交叉、纠缠、碰头的"交集点"上，即意义联系的地方，特别注意监视儿童的脑力劳动。正是在这些理解教材道路上的"监督点"上，教师应当以这些或那样的方式进行检查：我是否把要给予他们的全部东西，都带到了这个点上呢？当我教给儿童新知识的时候，他们是从"知识仓库"的哪些角落里提取和利用自己的储备的？在这些"监督点"上进行检查，是使儿童积极地获取知识的重要前提。根据所学教材的具体内容，这种检查可以用各种方法来进行：提出问题，要求儿童做概括性的回答，布置短小的（一二分钟的）实际作业等。

如果已经查明有的儿童有些地方没有弄懂，有经验的老师并不重新从头讲起，而是在前面的"监督点"上去寻找"可疑点"，找到以后，再提出问题，以便使儿童自己去抓住断掉的思路，使他们想起那些妨碍理解新教材的东西。

当教师叙述、讲解教材的时候，以及乍看起来儿童似乎并没有积极活动的时候，也能让儿童积极地获取知识，——这是我们教学实践中最复杂的问题之一。

在这里，监督点之类，都属于交集点。
那我们把这些读完以后，什么是交集点呢？

一、什么是交集点

我们可以给交集点下个定义。如果说我们前面讲的第二套大纲，它是为掌握第一套大纲而进行的铺垫，而第一套大纲是要掌握的知识技能，就是我们的新的经验，在这两者之间应该有一个桥梁。这个桥梁，就是教材或材料中的一些特殊区域。有些时候，教师要制造这样的区域——一些矛盾交错、能够引出深刻的问题的地方，这样问题就会形成深刻的刺激。这种刺激有助于形成新的经验，就是掌握第一套大纲。这些矛盾交错的地方，就是敏锐的教师要重点找出来的地方，苏霍姆林斯基命名为交集点。

这一段话，不容易理解，大家再想象一下，我们前面讲了一个两套大纲的概念。两套大纲最适合小学的科学课、中学的文综和理综，就意味着交集点的概念，当然适用于所有学科：语文、数学，包括艺体等。但是，它最适合解释文综、理综当中的现象。那你要学好文综、要学好科学，你就必须拥有大量的智力背景。这个智力背景我们在中学阶段把它叫什么呢？叫第二套大纲。有了这个智力背景以后，你才更容易掌握作为第一套大纲的那些定理、公式、规则、概念，就是我们讲的识记。你没有那个智力背景，学得就会非常生硬，而且就会容易更倾向于死记硬背，这也是很多学困生形成的原因。问题在于你的第一套大纲是如何影响第二套大纲的？大家不要以为第一套大纲是教材，这个以前澄清过了。教材里面本身包含了两套大纲，但是教材里面的第二套大纲的数量、品质是不够的，所以还要再补充一些材料，让它变成一个课程。这是我们在做课程的基本思路。

我们以语文为例。你讲一篇课文，课文无非是例子，那就意味着课文也是第二套大纲。第一套大纲是什么呢？它其实是人文主题和语文要素，尤其是语文要素。整个的课文就是第二套大纲，语文要素是第一套大纲的主要部分，那你怎么样通过读课文建构起语文要素这个概念呢？你就要找它的交集点。比如在语文里很多的交集点就是我们所谓的关键语句，或者文本的相互冲突的地方；这些冲突的地方、矛盾的地方，就容易引发思考。矛盾、冲突，会给儿童深刻的刺激，儿童就有兴趣了。它是注意力、兴趣的源泉。

人这种动物，本质上注重安全感；生活中如果你家里有个危险，注意力就会高度紧张起来；你要把危险排查了，你才安心。这种安全感在认知领域表现为一致性。我们很难忍受自己内在的自相矛盾，所以我们看一个材料，里面不同的观点如果是矛盾的，那就会引发我们的兴趣，我们内心就有一种动力要把这个矛盾解决掉。这个矛盾解决掉的过程，其实就是一个概念形成的过程。你之所以觉得它是矛盾的，是因为你没有更高的概念水平去理解它；这个矛盾引发了你更高的概念水平的建构，这就是我们说的交集点，是我们所谓的认知冲突。我们讲要利用交集点，其实就是帮儿童解决认知冲突。很多时候交集点在那里，儿童如果没有兴趣、看不到自己不懂的地方，出现"我不知道我不知道"的情况，那他就很麻木。所以，我们教师的教学就是把这些交集点给儿童揭示出来。

大家知道这个有难度。难度在哪里呢？难度就在于老师要找到这些交集点或者制造交集点，需要用交集点帮儿童理解概念；需要前面讲的我们对教材的一种深刻的理解，我们经常还需要把教材课程化。

以历史为例，有一个历史事件叫武王伐纣。一提到纣王，大家头脑里的印象是什么？我们可能立马想到妲己、比干。纣王把比干的心给挖出来了。一提到纣王，我们就想起那种残暴。一句话：纣王是一个荒淫、昏庸、无能又残暴的国君形象，所以他后来被周给灭掉了。是吧？但是历史老师就不这么看。为什么呢？因为很多历史老师其实知道纣王不是这样一个形象。从某种意义上来讲，纣王可以说是一个非常有作为的国君。但是我们长期在学历史教材的时候，学到的纣王是一个昏庸残暴的形象。为什么会这样？因为我们的教材是这样写的。

我们今天来看历史教材，会发现上面罗列了很多的历史事实。儿童在看这些历史事实时，看到的是一些平面的事件、时间中流动的事件，儿童就没有办法产生疑惑或认知冲突。所以很多时候历史教学变得乏味起来。历史教学变乏味，就是我们给了确定的答案、确定的结果，然后让儿童在教材里面找论点、找论据去论证它，那儿童一定会非常非常地厌倦。

但是，假如我们希望我们的课程里面有交集点，我们怎么来做？我们可以去引可靠的史料，而且是相互冲突的史料，比如说这个史料是这么记载的，那个是那么记载的，来源都是可靠的。历朝历代关于纣王有不同的评论，一直到毛泽东。毛泽东对纣王的评价其实是相当正面的。我们把这样一些事实和评价制作成课程，相当于把一个讲义提供给儿童。然后我们问儿童：结合这些史料，当然还可以自己上网搜索，你认为纣王是一个怎样的人，说说你的理由。你看，这个时候交集点就有了。儿童就会发现这个事实也是相互冲突的，观点也是相互冲突的，那一定有人说了假话。那谁说了真话，谁说了假话呢？儿童就需要对历史事实和观点进行辨析。在辨析的过程当中，他就会审查证据的有效性。比如说周灭了商，那么周代关于商代的观点、很多历史记载的可信性就降低了，对吧？在这个过程当中，通过反复的比较，儿童就会形成自己的证据链——哪些证据的可靠性更高，哪些证据的可靠性很差，到最后他就会得出一个自己的结论。这个结论如果有了新的确认的事实当然可以被推翻，对吧？但是重要的不是结论正确，重要的是这个思考的过程。在这个过程当中，大家就明白了，当周灭掉了商，掌握了政权和话语权，那么叙事就掌握在周手里。那么中国古代最有影响的思想学派儒家，为什么对纣王形象的叙事是负面的呢？那原因也很简单呀。因为儒家恢复周礼嘛，就是周的传统、周的意识形态，那后世的儒家不可能再替商说话，一定是替周说话。但是我们已经走出封建社会了，站在我们的角度，可能就对它有一个重新认识。你看，这就是交集点。没有交集点，只看到一个方面的语言，那儿童就无法进行真实的思考。

所以文科的问题就在这个地方。我们现在为什么要把文科教材课程化？文科教材课程化其实就有利于找到交集点、制造认知冲突，发展儿童的深度思维。它跟理科不一样。像理综，很多时候实验的现象需要解释，这本身就是一个交集点。而数学是最直接的：一个问题就是一个交集点。所以数学的关键是习题设计。语文跟文综一样，在课文里要能够提出好的问题。有好的问题，就意味着找到了交集点。交集点是非常有价值的。

二、交集点的价值

以下是干国祥老师的解读，我今天会较多地引用。他说：

苏霍姆林斯基非常敏锐地抓住了课堂教学的一个关键，即教师不能平均化（面面俱到）地输出教材，而应该抓住交集点进行教学。

因为教材不是均质化的，一个文本（现象），就像一个人体，而解读者就像医生。文本充满了关系，就像人体中各种血管之类密密麻麻地交织在一起。人体中总有些要害（交集点、各种组织复杂交错的地方），文本中也有一些要害（交集点、各种线索关系交错的地方）。这些要害（交集点）的重要程度（即复杂和丰富以及与主题关联程度）各不相同，但并存于一个系统之中。（好的结构图，例如鱼骨图，就能够比较好地呈现这些关键。）在教学中，交集点的重要性就是依据其复杂程度（是否复杂，要视与目标的关联程度而定）依次降低的。

这讲得非常清楚。就是说一个文本、一个教材，本身就有一些冲突、晦暗不明的，你不是一读就清楚的高价值的区域。这些区域叫交集点。交集点往往跟目标相关，比如说这是一个交集点，但它不是你这一节课想要达到的目标，那你甚至可以忽略。那讲到这一点，大家想想，我们在讲课文的时候，或者处理教材难在哪里？难就难在提出有价值的问题。提问太难了。有价值的问题往往跟交集点有关。

以前干老师讲过《丑小鸭》，它的交集点在哪里？《丑小鸭》里面的一句话，很容易被忽略："如果你是一只天鹅蛋，哪怕是生在养鸭场里也没有什么关系。"丑小鸭原来就是一只天鹅蛋，这是不是说他纵然不努力最终也会变成天鹅？而如果他原来是一只鸭蛋，是不是说无论怎么努力也没有用呢？这揭示了文本中的一个矛盾。为什么要努力？这个问题并不是文本犯了错误，它是我们理解上容易出现的困惑，就可以作为一个交集点。那我们就需要把这个冲突从冲突状态引向平衡状态。儿童就明白了，为什么"如果你是一只天鹅蛋，哪怕是生在养鸭场里也没有什么关系"。

我们觉得冲突是我们把天鹅蛋当成了真实的蛋。因为这是一篇童话，童话用的是象征。天鹅蛋象征的是高贵的心，进取、不甘平庸，用生命来追求美好的谦卑的心。这样高贵的心我们本来都是具有的，只是随着岁月的流逝、现实的压迫、内心的失守、平庸的围困，我们自己的高贵的心被遗忘了。当我们偶然想起自己曾经也有高贵的心的时候，我们都不敢相信。我们都不知道我们自己是谁。这是对我们的一个提醒：你只要有一颗高贵的心，哪怕生活的环境差一点也没有关系，这是它的象征意义。大家一听，就懂了。这就是文章要掌握的重点。如果你没有对这个交集点的深入辨析，你就很难理解到这一点。

有一些交集点，需要我们老师来制造。比如说在《丑小鸭》里更重要的一个交集点，情节上的一个关键点、转折点，其实就是丑小鸭在农家小屋。这个地方有一个关键的交集点、关键的冲突——丑小鸭在前面一直被排挤，他就需要有一个地方能够让他安全地待在那里；农家小屋终于有了，人家也不赶他，而且给他吃、给他住。这个时候丑小鸭自己说，他想到更广阔的世界里去，别人也不理解，对吧？那这就是一个矛盾，就是一直被驱逐、被追赶，现在好不容易有个安全的安身之所，为什么要离开？我们理解了这个问题，对这个问题进行深度研读，才知道丑小鸭最终为什么会变成白天鹅；而大多数人，就像煮熟的种子。只有真正像这样一个有高贵的心、内心有强大追求的人，才不安于待在一个安全的环境，才更愿意离开这个环境去外部世界。你看，这就是交集点的重要性。

但是大家发现这样的问题很难提。我们更多的时候提出的问题是：这篇文章写了几件事啊？儿童说：你不会数一数吗？这个不是真问题，是铺垫性的、梳理性的问题，不是真真正正的主问题。这篇文章、这个寓言告诉了我们一个什么道理啊？像这样的问题，不包含交集点。

你要讲《愚公移山》，你不能这么来讲。你要提出真正的儿童内在的那种交集点：为什么不搬家呢？如果不是天神帮忙，愚公世世代代可能还在移山。愚公到底有什么值得我们学习的？这才是交集点。对这些问题进行追问，我们才能够理解到《愚公移山》这个文本的好处。

干老师以前还提过另外一些问题，比如说寓言《龟兔赛跑》。干老师写过一篇文章《假如兔子没有中途睡觉》。他通过这个假设也制造了一个交集点。假如兔子没有中途睡觉，乌龟努力有用吗？这一下子把原来的逻辑打翻了。打翻了以后，我们才能够真正理解为什么乌龟努力是有用的。这个就是真正的交集点，把儿童引向真正的思考。

三、追问：谁与谁交集

我们在讲到交集点的时候问：是谁与谁在交集？干老师说：

从学习角度或者说经验建构的角度来说，更准确地表达，应该是新的有待解释的现象（或问题，即原来的"交集点"）与儿童原有认识经验的交集（冲突）。这种交集或者冲突，是诞生或掌握新的观念（指新知识）的开始，或者说开拓了建构新观念的可能空间。

要注意，一个包含了丰富的因果关系的现象（即苏霍姆林斯基所说的"交集点"）很有可能无法引起一个儿童的认知兴奋（解释这个现象所需要的知识，或远高于或低于他原有的经验水平）。

就是说，这个文章里包含交集点，但儿童原有的经验不够，这个交集点就没有办法引发它；或者儿童一看就知道了，这交集点对儿童就不是交集点。我们讲到的认知冲突，并不是文本自身的认知冲突。交集点的本质其实是文本跟儿童原有认知的冲突。在这个问题上我们可以引入"最近发展区"这一概念进行解释。干老师说：

可能需要引入维果茨基"最近发展区"这一概念重新阐释"交集点"。所谓"最近发展区"，是指儿童发展的可能性与他的现实水平之间的差距。

所以说：

好的交集点，就是拓展出最近发展区的起点行为。

大家都知道，最近发展区就是儿童在他自己独自努力所能达到的最高点，以及在老师和同伴帮助下所能达到的最高点之间的距离。所以：

这个最近发展区的外端，是儿童接触并在一定程度上理解科学概念；这个最近发展区的内线，是儿童对现象开始困惑、兴奋、思考并尝试作出解答。

如果问题超出了最近发展区，儿童不会兴奋，因为太难了；如果低于最近发展区，他也不会兴奋，因为在他的舒适区了。只有最近发展区里的现象才让儿童困惑、兴奋。好像懂，但是又说不明白。这个就叫学习区，也叫最近发展区。

而实现这个区间大小（即内线起点的强烈程度和外线的延伸程度），应该是"教学"。教学，先创造出一个儿童认知与现象间的交集点，然后，开拓出一片这个领域的最近发展区，最终，儿童借此接近这个领域的"科学概念"。

如果大家把这几段读明白，就非常清晰了。一个知识点儿童已经掌握了，那就没有疑问。儿童完全掌握不了，他也没有疑问。只有在他能掌握而没有掌握的情况下，才会产生疑问、产生冲突。这个疑问、冲突，儿童基于内心认知平衡的需要，他想要解决它，所以注意力就会集中在这里，儿童的学习兴趣就有了。这个过程就是一个儿童建构概念的过程。概念一旦建构了，这一块知识来讲就是舒适区了。学习就是这样一个循环不断的过程。所以，有的时候我们为了帮助儿童完善一个观念、一个概念，需要给儿童制造交集点、制造麻烦、制造冲突。

我们可以看一道题。虽然是小学一年级的，但是蛮有意思的。我有很多次引用这道题。这是阿莫纳什维利在《孩子们，你们好！》一书中的一个例子：

最近几天我已经给他们做过类似的作业，但绝非所有儿童都能解答。我指着黑板上画着的梨——3个小的和2个大的，问他们：

"哪边的梨多一些，左边的还是右边的？"

"右边的多！"他们对我说。

"让我们一起来数一数！"我建议说。

我们一起数的结果是：左边——3个；右边——2个。我在画的下方写上了数字。

"哪个数大——3还是2？"

"3大！"儿童们对我说。

"那哪边的梨多——左边还是右边？"

"右边多！"

"为什么？"

儿童们给我"解释"：这是很明白的——右边的梨大，而左边的梨小。

老师们注意到这个地方有了交集点、冲突，对吧？

你数一下，左边是3个，右边是2个，按道理来说左边的多。那这个右边的梨大，按道理就是右边的多。那到底是右边多还是左边多？它就是一个交集点，对吧？

然后他说：

当时只有萨沙没有屈从皮亚杰现象。

"不对！"他说。"左边有3个梨，右边只有2个，也就是说，左边的梨多！"

我迅速地跨着大步走向萨沙，郑重地向他伸出了手。

"让我握握你的手！"

萨沙疑惑不解地向我伸出了手。全班的儿童都好奇地注视着我们：怎么一回事？

"谢谢你，萨沙，你学会了思考！今天你使我非常高兴！"

就是说，只有这一个儿童意识到了。但是你会发现我们小学一年级的老师很少设计这样的问题。我们在让儿童比较多少的时候，我们用的梨一样大。如果梨的大小一样，儿童能顺利地对它们进行比较。但是阿莫纳什维利通过改变梨子的大小，制造了一个交集点。这个交集点非常重要，因为它有助于让儿童深刻地理解"多少"这个概念的本质。"多少"这个概念，是对事物的抽象，它不受事物形状、大小等物理属性的影响。也就是说，你不能够在考虑数量多少的时候考虑大小这个物理属性。如果没有这个交集点，虽然儿童可能仍然会进行数量运算，但对数量多少的理解是相对肤浅的，没有把"多少"跟"大小"剥离开来。这样一讲的话，儿童对整个概念的理解就更完整了。这就是交集点。

我们怎么样从交集点的角度来看教学呢？

我们可以把它概括成这么三句话，你也可以把这三句话看成一个过程。

第一，教学的起点是把事实（就是我们讲的关键知识）跟现象（尤其是交集点）联系起来。交集点是一种特殊现象，激发儿童的惊奇感（疑问、兴趣），给儿童以明确的任务，引发儿童的认知冲突，把它转化成一个有待解决的问题或者任务。这是教学的起点。

第二，让儿童在思考事实、现象的过程中，通过解决具体任务，理解和掌握抽象真理，即所谓的关键知识，并发展思维能力。要把这个关键现象同化到自己的思考里，就要澄清判断，引入新知识。

第三，让儿童对知识加以运用，在运用中加深理解和巩固，并使儿童体验到一种理智高于事实和现象的"权力"感，增加他的自我感受、自尊、成就感。他有一种知识的把握感，就可能形成良性的循环。这就是我们讲的苏霍姆林斯基的教育学的循环。

这其实就是我们讲的交集点。它实际上是有一定难度的。

我们现在小结一下。我们在讲到深度学习的时候，有三个要点。

第一个要点：必须有足够的智力背景。也就是说，小学一定要有海量阅读，中学一定要有第二套大纲。假如真想让儿童学好，包括考试好，我们就一定要在课程里加入教材以外的东西，加入经过精心挑选的东西。没有这些东西，儿童在课堂上看到知识就是麻木的、抽象的；你跟他提出一个问题，就像把一粒种子、一棵树苗种在沙漠里，它们没有肥沃的土壤。肥沃的土壤就是我们讲的第二套大纲，儿童需要有这样的智力背景。他的智力背景越好，他思考的速度越快，他思考越深刻。这是不变的真理。前面给大家反复讲了阅读的重要性。

第二个要点：我们要在课堂上激发儿童的学习兴趣，就必须制造认知冲突。制造认知冲突的时候，要使交集点、最近发展区、认知负荷三个概念联合作用，要理解它们之间的关系。

先说交集点。有两种交集点。第一种交集点是，教材里所包含的现象比较复杂、密集，因果联系比较复杂的地方，需要澄清。澄清的过程就是学习过程。第二种交集点是老师制造出来的。老师通过一个问题把儿童打回到问题中去，就像刚才讲的龟兔赛跑一样，假如兔子不中途睡觉，结果会如何？你看，一下子把儿童带到了问题中，他觉得这个问题解决不了。解决不了就对了，那就是"我知道我不知道"。然后我们就可以重新理解龟兔赛跑，这样理解就会加深。

当然，我们可以用最近发展区来重新理解交集点这个概念。太难的东西产生不了兴奋，因为不会对你构成疑问。这就好比人工智能领域里有非常多的问题，那些问题都不是我的问题。我从来不去考虑人工智能领域里的问题，我只考虑教育领域的问题，人工智能领域里的问题不是我的问题，在我的最近发展区之外。

我们前面还讲到一个认知负荷的概念。其实交集点的作用是增加认知负荷。在跟主题、概念不相关的地方，我们要减轻认知负荷，保证注意力集中；而在我们聚焦的方面，要增加认知负荷。增加认知负荷才会真正地导致深度学习。给儿童提一个恰当的大问题，他的认知负荷立马增加了。这就是交集点，要动的大脑的能量多了，就增加了他的认知负荷。认知负荷一方面要增加，一方面要减少。就好像说你的视线要变窄，你在固定的点上要投入更多的能量，这认知负荷就重了；其他的地方尽量地打扫干净，不要制造额外的麻烦。

第三个要点：与生命生活相关联。如果这个问题跟儿童的生命生活密切相关，那更好。在疫情期间，我们讲生物、地理，讲很多的课，可以跟疫情关联。并不是说我做一个专题给大家讲讲，而是在讲每一个单元的时候，跟疫情高相关的部分都把它引入进来，儿童感觉就不一样了。

回到刚开始的那个问题，就是怎么在课堂上去吸引儿童的注意，我们作一个总结概括。

通常来讲，我们要确保儿童的注意力集中，有四种方法。

第一种方法是惩罚。谁不认真听课，就站到教室后面。这是惩罚。惩罚是有效的，可以排除纪律上的干扰。

另外一种是奖励。小学阶段的小红花之类，哪怕到了中学也是可以用的，对那些表现好的同学口头表扬，或者用积分卡，都是有的。

第三种方法是什么呢？是智力挑战。智力挑战就是我们刚才讲的交集点。交集点带来问题，带来一种智力挑战。老师们一听就知道，智力挑战其实是解决儿童注意力的问题的核心因素，奖励和惩罚是辅助性的。你可以让儿童坐在那里，眼睛看着你，不违反纪律，但是你没有办法让奖励和惩罚确保一个人的大脑活跃，只能让一个人在那里坐端正。

还有一个也非常重要，就是训练有素。训练有素比奖励和惩罚更有效，为什么呢？训练有素的好处是降噪。课堂有很多的噪点——说这说那的，回答问题乱七八糟的——如果儿童训练有素了，课堂上就节约了老师的管理成本，上课过程中的解释成本就降低了。所以训练有素和智力挑战，本质上其实都是课堂里非常重要的因素。

我们把这四点给大家厘清以后，其实老师们就知道，要让自己的课堂有吸引力，最重要的是训练有素和智力挑战。训练有素可以让所有的儿童保持一定的效率，而智力挑战可以促进儿童深度学习。我们讲课堂的注意力无非就是掌握这两点。

最后我们再对注意力问题作一个概括。因为交集点和注意力是同一个话题。苏霍姆林斯基关于注意力全部的观点，我们可以概括一下。他说，我们要动用一切的治愈手段，阅读、直观手段，来形成一种内部的刺激和诱因。这种内部的刺激和诱因会成为思维的引火线，促进儿童将新教材跟这种内部的刺激、诱因联系起来进行思考，激发出兴趣，形成和保持情绪高涨、智力振奋的内心状态。那么在这种状态下，儿童能够体验到一种追求真理、进行脑力劳动的自豪感。这个时候他的注意力比较集中，这是个良性循环，反之就是恶性循环。恶性循环就是他很疲惫、厌倦，他没有高涨的情绪、智力振奋的内部状态。这样的话，你给他讲知识，知识只能引起他一种冷漠的态度，他不动感情地在那里抄题做题，导致他丧失理解因果联系的能力，导致课堂上掌握的知识非常肤浅。最后负担转嫁到了家庭作业，结果家庭作业负担过重，他就没有时间去读书，没有时间去发展第二套大纲，他就无法形成情绪高涨、智力振奋的内部状态，这就形成恶性循环。这在中学表现得很明显。大家听过囚徒困境：一读书怕影响成绩，结果不读书，成绩本来就很差，最后就形成一种恶性循环。

我们现在其实就是要打破这种恶性循环。所以苏霍姆林斯基在讲智力，讲怎么让儿童有一种情绪高涨、智力振奋的内部状态时，他强调的始终是阅读。当然，除此之外，他还讲了儿童无法形成这种内部状态的其他一些原因，比如说教材解读不到位、不能深刻理解所教的知识……用苏霍姆林斯基的话来讲，没有真正地做到一辈子备课。我长期参加教研，我认为太多的课堂过于乏味。老师自己也知道，我们总是在表演。课堂本身乏味的情况下，我们怪儿童水平低，怪儿童不认真听课……当然，这个怪不是说没有理由，但是它不解决问题。

我们要做的是，怎么样让儿童形成一种内在的、深刻的状态，而这其实有赖于我们对教材的深刻研究。我以前教高中的时候也面临这个情况。只要在讲语文课，学生就觉得语文不重要。高中嘛，语文不重要，数理化才重要。再加上你讲的也没啥意思，有学生上课就睡觉。学生上课睡觉是一个聪明的选择，为什么呢？他觉得要语文好，多刷几遍题就行了，干吗要听课？我在长期修炼的过程中越来越发现，自己其实并未真正地理解语文教材。以前我觉得我理解，上大学时我的专业在我们班上是最好的，我还教不了你们？那其他人咋教呀？真真正正进到一线以后，看到教材以后，你就会变谦卑，你发现没有那么简单。所以我就研究教材，研究上课怎么吸引儿童。其实无形中就会去找交集点，制造认知冲突，跟儿童生命生活关联。教上几年以后发现，可以了，学生很喜欢我的课。然后又到成都，到私立学校去，发现私立学校的学生，又出现问题了。又出现问题以后我再研究怎么激发学生的兴趣。后来慢慢发现，只有我自己的持续进步才能带来学生的进步。你不要指望给你换一波学生你就进步，不可能。你带那些优秀的学生，压力更大。你看李镇西老师的班主任工作做得多好，他是因为带了成都玉林中学所有的"差生"集中到一起的一个班。北京的王晓春老师之所以现在是国内最好的班主任工作方面的研究专家，一个很重要的原因也是他当年带的是"光头班"，一个女生都没有，纪律很难搞。他从这些地方习得了经验，以后带任何学生都会游刃有余。所以，与其抱怨，不如抓住这些机会去修炼自己。

所以，要解决注意力的问题，我们首先要修炼自己对教材、对知识的理解能力。教师专业不过关，是解决这个问题首要的困难。

其次，我们可能很难找到交集点。

再次，我们缺乏足够的材料、经验，包括阅读、观察、实验等。回想我们前面讲第二套大纲的问题。

那高度的注意力到底从何而来？高度的注意力总是源于这样的情况：一个问题触发了原有的经验，然后原有的经验进入一种重新整理，就是编码理解的过程。但如果儿童没有已有经验，学习就是痛苦地识记结论。如果没有问题指向，那儿童也没有办法去激活已有经验。

所以要求我们老师做到两点。第一，在上课前事先填充儿童的经验。第二套大纲、不随意识记、体验，都是做这个的。第二，用问题或者作业诱发认知冲突的发生。只有做到这样，我们才能够由机械教学走向意义教学。我们如果解决不了这个核心问题，用一些边缘策略，比如说引入奖惩机制等，可能有效果，但它们是边缘策略。再比如说老师突击提问，突然之间问一个问题，儿童不得不提防老师会不会提问自己。有效，但副作用大，因为儿童没有安全感。没有安全感，有时候会影响他的深度思考。但是可以在一定程度上迫使儿童集中注意力，这也是边缘策略。

还有些老师吸引孩子注意力的方法是课堂上讲笑话。课堂幽默有没有价值？极其有价值。因为应试教育很多时候太乏味了，课堂上适当讲一些笑话，或者让自己授课变幽默，这样的老师很受儿童欢迎。但是这没有解决学科问题。纵然如此，也很重要，而且这会拉近师生的关系。有的时候我们会讲到学习目的，敲黑板，老师今天讲的跟考试关系很大，儿童觉得很重要，注意力就集中了。还有一些是师生、生生之间的互动，让课堂变得活泼。很多招都是有效的，但是这些招其实都是边缘策略。

我们要在边缘策略之外，实实在在地、真真正正地去解决真实问题。这个真实问题，就是我们对学科的非常深刻、精透的理解，然后我们把这种理解变成问题、现象带给儿童，这很重要。为什么一直强调老师对知识的理解很重要？很多时候我们并不理解知识，而且在不理解时我们不知道自己不理解。只有在你给别人讲、在你设计问题、在你找典型例子的时候，你发现你不好找，你才会发现并没有真正完成理解。也就是说，我们在知识面前没有享有真正的自由。我们说要给儿童补充第二套大纲，我们老师真的就具备第二套大纲了吗？虽然我们经过大学那么多年的教育，我们对学科那些通识的东西，真的理解吗？相关学科我们有必要的理解吗？历史老师不需要读政治吗？不需要看地理吗？这些都是问题。老师在这些地方持续精进以后，看教材的时候，就自然而然地会有 X 光眼，就会有交集点的意识。你更容易看出问题，也更会设计问题；当你更容易看出问题，更会设计问题的时候，儿童思维就被激活了。

优秀的老师无不如此。

第九讲　道德教育

第九讲是一个非常大的话题，叫道德教育。这一讲会分两次来讲。我们讨论三个问题：什么是道德？道德教育的内容是什么？道德教育的途径是什么？

上篇

我们先来看第一个问题：什么是道德？

我们读几段，看一下苏霍姆林斯基怎么看道德。他说：

> 培养全面发展的、和谐的个性的过程就在于：教育者在关心人的每一个方面、特征的完善的同时，任何时候也不要忽略人的所有各个方面和特征的和谐，都是由某种主导的、首要的东西所决定的。在一个全面发展的、活生生的、有血有肉的人身上，体现出力量、能力、热情和需要的完满与

和谐，教育者在这种和谐里看到这样一些方面，诸如道德的、思想的、公民的、智力的、创造的、劳动的、审美的、情绪的、身体的完善等。在这个和谐里起决定作用的、主导的成分是道德。

这是培养全面发展的个性的过程中一个非常细致的，也可以说非常微妙的问题。这个问题的实际解决，恰恰在于不要把学校和儿童的精神生活仅仅局限在掌握教学大纲所取得的成绩上。培养全面发展的个性的技巧和艺术就在于：教师确实善于在每一个儿童面前，甚至是最平庸的、在智力发展上最有困难的儿童面前，为他打开精神发展的领域，使他能在这个领域里达到顶点，显示自己，宣告大写的"我"的存在，从人的自尊感的泉源中汲取力量，感到自己并不低人一等，而是一个精神丰富的人。

这个领域就是道德发展。在这里，通往顶点的道路对任何人都没有封锁，这里有真正的毫无限制的平等，这里每一个人都可以成为伟大的、独一无二的人。只有在这样的条件下，即共产主义道德贯穿于人的个性的各个方面，在每一个人的面前打开了通往公民的、思想的、创造的、劳动的、审美的和智力的财富的道路时，全面发展的思想才可能得到充分实现。

学校应当成为一个道德丰富的——即在每一个人的行为中，在人们的相互关系中，都有着共产主义的道德、有向往和有激情的——炽热地燃烧着的策源地。解决这个问题的途径，就在于要使我们的每一个儿童在某个活动领域中获得幸福和欢乐，这个活动领域的顶峰是道德的美和道德的完善。(《给教师的建议》第81条)

苏霍姆林斯基对道德有着一种深刻的理解，大家听起来可能会觉得有些绕，但其实他的核心观点是：人的发展必须是全面的。我们今天所谈论的道德、智力、劳动、美育、审美、公民意识等，其实都是从某一个角度去观察人这个整体。就像我们每个人身上都有很多不同的侧面，每一个侧面都映射出一个完整的人。在人的全面发展、和谐发展、个性发展中，全面发展与个性发展并不冲突：全面发展即是个性发展，个性发展也是全面发展。每个人只能以自己的方式实现全面发展，不存在一个所有人共同标准的全面发展。因此，他强调，在人的全面发展过程中，有一个最重要的侧面、领域、方面，那就是道德发展。道德发展至关重要，我们常言"德育为先"，尽管在实践中有时会被忽视，但无论如何，学校教育的核心应当是德育。

我最近在听一个课程，讲师提到如何培养一个面向未来的儿童，他提出了四个要点，认为家长应从这四个方面入手：第一是价值观，即我们所说的人格、道德发展，这是首要的；第二是时间管理，这其实就是我们常说的习惯养成；第三是阅读；第四是运动。

大家看，他把价值观放在了首位，这与我以前在"老魏的咖啡馆"里讲述的观点不谋而合。我曾说过，小学最重要的是两件事。第一件事是自尊心的培养，而道德其实就是自尊心的体现。所以，自尊心就是道德，就是人格、价值观的培养，这无疑是最重要的事情！没有这一点，你所做的就不能称为教育，而只是教学。真正的教育，一定是融入了价值观的。第二件事，我定义为阅读。此外是习惯培养，即刚才提到的时间管理和运动。但无论如何，道德在其中都是最为关键的。那么，问题来了，到底什么是道德？

不同的人对道德的理解各不相同。比如，当我们提到道德时，脑海中可能会浮现出好人好事、听话、遵守纪律等画面。但这显然不是苏霍姆林斯基所理解的道德。苏霍姆林斯基所讲的道德，其实在上面那几段话的最后一句中已经阐述得很清楚。他说："解决这个问题的途径，就在于要使我们的每一个儿童在某个活动领域中获得幸福和欢乐，这个活动领域的顶峰是道德的美和道德的完善。"也就是说，一个儿童在某个领域里获得了幸福和欢乐，那就是道德，也是美。这与我们以往对道德的理解有所不同，我们更多地将道德理解为人与人之间的关系，但他所说的并非如此。一个儿童可能非常喜欢语文，那么他在语文学习中获得了极大的快乐、幸福和成就感，这就是道德。儿童喜欢运动、喜欢音乐，道理也是一样的。你在某一个活动领域，无论是知识的还是其他类型的活动领域，只要能够获得幸福和欢乐，那就是道德。这个观点非常有趣，也非常有价值。说白了，这里的道德就是与成就等事物紧密相关的。这是苏霍姆林斯基对道德的独特见解。

一、苏霍姆林斯基道德观解读

苏霍姆林斯基在谈论道德时，他更多地强调的是一种愿望，一种想要成为好人、想要上进的愿望，或者是一种关系，一种态度，一种自尊、自信，一种想要成为高尚的人的内心追求。这是所有人内心的倾向性。

当一个儿童内心充满了发展自己、帮助他人、成为好人的愿望时，我们就可以说他是一个道德正在发展的人。这种道德，既可能体现在智力领域，表现为一种积极的自我肯定，也可能体现在交往领域，表现为一种想要帮助他人的愿望，一种渴望通过帮助他人来获得自我认同和尊严的愿望。这是苏霍姆林斯基对道德的一种定义。在这个定义里，道德非常接近于我们所说的自我实现，即马斯洛需求层次理论中的自我实现。当一个生命不断地向上成长，不断地展示自己时，他就是道德的。

我特别喜欢这样的定义。道德既是起点，又是顶峰。作为起点，它意味着我们每一次的挑战、每一次的进步，都是以先前的成就为基础的——先前的成就形成了我们的自尊，而自尊是发展的起点。发展的最终结果仍然是强化了自尊，强化了自我肯定，强化了想做一个好人的愿望。因此，道德发展是一个螺旋式的过程。在这个螺旋式过程中，真正的燃料来自儿童不断的自我肯定。那么，儿童的自我肯定从哪里来呢？它来自活动中，来自学科学习、运动、与他人的交往中。这个逻辑我觉得非常重要。

当我们思考苏霍姆林斯基的逻辑时，会发现他所说的道德与我们一般所讲的道德不太一样。那么，区别在哪里呢？

第一，我们通常所谓的道德，往往被视为儿童需要发展的众多领域之一。我们经常提倡德智体美劳全面发展，即道德、智力、体育、美育和劳动教育并重。虽然我们可以说德育为先，它更为重要，但通常它是与其他领域分开来表述的。然而，苏霍姆林斯基并没有将它们分开，而是将它们整合在一起。他认为道德教育其实是贯穿一切的。很快我们就会发现，智力教育、美育、劳动教育也同样贯穿一切。他更倾向于从不同侧面去理解这些教育领域，而不是将它们截然分开。

如果我们把德育与智育对立起来，认为德育和智力是两样不同的东西，就必然会产生它们之间的关系问题。我们可能会说一个人"有才无德"，但在苏霍姆林斯基看来，并不存在脱离道德的智力发展。他认为脱离道德的智力发展是一种异化，不是健康人的状况，也不是真正的智力发展。我觉得这个观点是有道理的，实际上，科尔伯格等人也是走的这个路子。

一个人如果没有足够的智力，他也就没有足够的道德；同样，如果他没有足够的道德，他也就没有足够的智力。我们经常提到的"精致的利己主义者"，表面上看起来很聪明，但他们的利己行为在道德上是有问题的。真正的智慧，包含了对生活形态的一种觉察。因此，真正有智慧的人一定不是自私的人；自私的人实际上存在着某种智力缺陷，因为道德不仅是一种感受，也是一种认知。

同样，我们也可以说，在偏僻的乡村里，有一位老太太很善良。但这并不一定是真正的道德。为什么呢？因为她在一个封闭且狭小的熟人社会里，熟人之间要互相善待，才能互相得到善待。这其实是一种智力上的考量，并不是那种真正的德行。人的道德选择，是在人的处境中发展出来的一种生存智慧；它并不是像那种真正有觉悟的人所拥有的道德。道德和智力是无法分开的。

第二，通常所谓的道德，更强调外在的规则尺度，是一套儿童需要遵守直至内化的规则系统。这就是我们常讲的一些道德条款，甚至纪律规范，属于习俗意义上的道德。但在苏霍姆林斯基看来，道德更多是一种积极的自我肯定，而不是一个外在的条目。言下之意，道德是一个人内在、内心的事情，你可以影响它，但无法通过命令和要求来导致一种道德行为。

儿童在老师的组织下去敬老院帮助孤寡老人，这并不是苏霍姆林斯基所说的道德。就像学雷锋活动月或学校组织的一些活动，这些活动本身并不是我们所说的真正的道德，而只是创造了一个契机。如果儿童是在强迫的状态下，或者为了获取别人的表扬而去做这些事，那么这实际上并不是真正的道德行为。很显然，我们日常意义上的道德行为，可能可以通过训诫、强迫来完成，比如要求帮助同学等。但在苏霍姆林斯基看来，这恰恰是不道德的、不可持久的，因为它是一种外在的交易。而苏霍姆林斯基所讲的道德，是基于儿童的内在感受、一种自我肯定，是生命内部的需要，包括自我的道德感、美感、认识与创造的冲动、交往的需要等。这是他所理解的道德。

我们把它进一步细化，说得再清楚一点，可以说：对苏霍姆林斯基来讲，所谓的道德首先不是一套外在的规范或者所谓的道德系统，而是指属于生命的核心又流溢到生命的各个方面，直至人与人之间关系的东西。这很重要。或者说，所谓道德就是指自尊心，指人的内心想要成为好人的愿望。所以他无法与智力发展、精神生活、人的生命整体割裂开来。从某种意义上来讲，可以把道德理解为生命中的一种向上感，就是我们经常讲的那种所谓的活泼泼的"仁心"。

怎么理解"仁心"？我们现在可以跳出苏霍姆林斯基，从中国传统的角度来理解。我们可以简单地讲：生命朝上走、朝积极的方向走，就是道德；生命向消极的方向走，就是不道德。这里说的积极、消极的尺度是什么？生命是被发展，还是被抑制的。我们知道所有的生命一要生存，二要发展，所以凡是帮生命生存和发展的，都是道德的，否则就是不道德的。

我们中国传统的道德的概念，原初就是这样。我们在讲道德的时候，所谓的德就是遵道而行。那道是什么？道是自然，法自然。自然是什么？自然就是一种自然而然的显现，生命的成长就是自然。生命不成长了，就是反自然的，对吧？一朵花绽放，就是自然；一朵花没有绽放，被人们扭曲了，就是不自然。所以生命只要向上走，就是道德。当然，在中国的传统里面，儒家跟道家其实有分歧。道家强调一种消极层面的道德，你不要干预生命，让它以自然的方式成长，这叫自然主义。但是儒家强调的是，所谓的自然，就是让生命以最好的样子成长。生命以最好的样子成长，往往需要施加力量；通过施加力量，让它以最好的样子成长，这就是生命的自由。就是说，一个老师躺平好还是成为一个榜样老师好？从道家的角度来讲，你就躺平，你越自然越好。但儒家不是这样的，儒家认为你不辜负你自己，你让你的生命成为最好的样子，这个最好的样子，才是你的自然——用我们今天的话来讲，就是自我实现。所以，道家会说对生命的任何改造都是反自然的，但是儒家会说普通老师成长为榜样老师，就是他的生命的可能性尽可能地显现。所谓存在的真理的显现，就是可能性的实现，所以这才是道德的。道德的才是自由的。所以，道德指的就是生命的整体成长，而不是某一个方面。我们要从这个意义上去理解。

  我们把这种道德规范变成一种系统，就是仁心外化。这个系统就是处理人与人之间关系、人与集体乃至人与自我关系的一些法则。比如说我们讲的三纲五常、小学生守则，其实都是处理人之间具体的规范，但这不是道德原初的本意。规范在某个时候是有道理的，但是人换了、处境换了，那么很多的规范就有问题。我们就要去调整规范。你不调整规范你就走向"存天理，灭人欲"了是吧？用道德大棒打人。所以每一次社会的调整，其实都是对原有道德伦理束缚的一种突破。这种突破的本质是什么？其实本质就是我们所有的道德都服务于生命成长。一旦道德律令、道德条款抑制了生命成长，就是不道德的。就好像学校里的很多纪律，要有助于儿童的发展；只是为了控制而控制，这个道德的要求本身就是不道德的。不管怎么来讲，我们首先要理解，苏霍姆林斯基讲的道德，在本质上指的是人的自尊心，是一个儿童内在的向上感，而一个儿童内在的向上感会投射到他生命的各个角落。

我女儿上小学的时候，我们也想培养她的自主能力，经常给她分派一些任务，比如一家人在一起，有人做饭，有人洗碗，有人打扫卫生，大家有一个分工。在小学高段的时候，她各种抗拒、撒谎、逃避，能不干就不干，自己的房间也懒得收拾。她就是这么一个孩子，一段时间里就是这么一个状态。但是到六年级的时候，有一次我爱人严老师回老家，我跟她两个人在家。结果那一段时间，她迷上了《红楼梦》，看《红楼梦》经常看到凌晨两三点也不睡觉，还要跟我讨论《红楼梦》里的人物，还写了关于《红楼梦》的系列文章。那段时间她自己在看书、写作的过程当中获得了极大的自信。我忙，对她也没有太多的要求，结果她居然把房间打扫得干干净净，有几次居然给我做饭。我当时就很惊讶。我就意识到，当一个儿童的整体生命是向上的、被肯定的、获得成就感的，他在其他方面也会变好。比如他就会比较少地撒谎，对别人就更友善。相反，当一个儿童的学业、发展遭遇挫折的时候，他对待周围的世界也不是那么友好。

我们很多时候看待道德问题，是因为儿童内心深处缺少那一道光——那道被肯定、学业上取得成就、关系中被认可的光。如果有了这一道光，儿童就会变成一个更好的人。如果没有这一道光，儿童一再遭遇失败，又被老师批评、否定，还被家长斥责，那么儿童就会滋生出很多道德问题：内心没有能量，也没有精力去变成一个更好的人。在这种情况下，简简单单地说要抓儿童的这个、抓儿童的那个，那是不对的。我们应该培植儿童的根本——应该让儿童在活动当中找到他的尊严。儿童一旦找到了他的尊严，就较难出现道德问题，这是苏霍姆林斯基的观点。否则，儿童本身成绩不好，就会很自卑。在自卑的情况下，他与周围环境建立不起信任关系，会有不安全感。在不安全的情况下，他对待周围的世界更可能用一种遮掩、撒谎、攻击或者满不在乎的态度。这种态度的结果是什么呢？

如果你反过来贬低儿童，以为这样能够解决儿童的问题，那我告诉你，你是解决不了的。你以为强迫儿童认错、修正行为，就能解决他的道德发展问题，其实不是这样的。更多的时候，我们应该把对人的接纳、关爱与适当的惩罚结合起来——你犯错，那么你承担相应的结果，但我不会加重惩罚，不会把惩罚变成对人的羞辱。相反，我是尊重的、爱护的，同时我知道，今天即使让你为你的行为付出代价，也只是治标，不是治本。我要解决你的根本问题，是唤醒你内在的自尊。这种唤醒内在的自尊，需要我帮助你来完成。我要帮你在学业上、在各个领域里获得更高的成就。儿童获得的成就越高，越容易获得自尊。所以，从发展的角度来看，儿童的自我感受、自尊，始终是道德的一个源泉，也是道德的终点、顶点。从心理学的角度来讲，道德的终点和顶点，仍然是他内在的一种认可。

如果我们换一个角度来讲的话，儿童最早的道德感源自什么呢？源头在哪里？源头就是儿童心灵对外部世界的敏感度。我们有一个成语叫"麻木不仁"。孔子讲的"仁"就是道德心，所谓的"仁"就源于你对外部世界的不麻木。比如你对花草不麻木，对人与人之间的关系不麻木，对一首诗歌不麻木，对音乐不麻木……如果你对整个外部世界是不麻木的、关切的，心是敏感的，你就更可能成为一个道德的人。所以，道德的源头其实在这里。

这也就是为什么儒家、孔子要去修订、研究《诗经》。他要讲兴于诗、立于礼、成于乐。《诗经》里多是草木鸟兽之名，因为一个人如果对花草保持敏感、欣赏、关爱，保持那种爱美的心，他就不太容易对人麻木、没有感觉。一个人如果能够对音乐、诗歌有感觉，他就不容易对人产生那种残忍的、残酷的、麻木的情绪。所以，我们对大自然的敏感、苏霍姆林斯基讲的思维课、我们对书籍的阅读、我们对艺术的亲近、我们对人与人之间关系的构建，其实都是道德发展的基础。没有这个基础的话，那是很可怕的，真的是"存天理，灭人欲"。

我在批评一个人的时候，如果没有对一个人的同情心、同理心，只有道德条款——你违反了什么，那是不对的。所以我们想象一下，为什么一间教室要种植花草？一间教室种植花草的意义在于让教室成为一间润泽的教室，大家通过照顾教室里的花花草草，与教室建立关系。所以，它也是一间教室道德生活的一部分。我们要在这个意义上去理解道德。一个老师热爱文学、热爱诗歌，他把文学和诗歌带到一间教室里，这就是一间教室的道德生活。儿童因为这些东西，会变得越来越有道德。

过去有一部日本动画片叫《灌篮高手》，一个老师哪怕喜欢体育锻炼、跑步、打篮球，这也是儿童道德教育的一种途径。大家想象一下，《放牛班的春天》里那些儿童的道德变化是通过什么完成的？是通过老师的说教吗？不是，是通过音乐完成的。我们再看《特别的女生萨哈拉》，里面是通过什么？是通过老师讲的故事、通过写作、通过共同生活来完成的。这些东西比我们对儿童的规范、要求更接近道德教育的本质。因为它聚焦于人本身，聚焦于帮一个人培育他源头的清洁，培育他精神的强健。

理解了这一点，我们就知道整个的道德人格、道德心是离不开教育学循环的。所以，我们要把道德心和道德规范区分开来。

二、道德心与道德规范

想象一下，一个人在社会中或者学习劳动中，克服了种种困难，取得了成功，获得了高度的自我感受，体会到了做一个人的尊严，并不断地增强进一步克服困难的力量，包括责任感、勇气，以及迎接新的挑战和服务社会的动机。我们就可以说，这个人是一个道德的人，也可以说他是一个全面发展的人。

如果一个人是这样的，我们就可以预测他的行为。比如说，他拥有这样的道德心，就能够比较良好地认识自我。长此以往，他就会形成谦卑、克制、诚实、自信等品质。

他能够比较准确地定位自我与他人的关系，并能够积极地肯定他人的长处，与他人和谐相处。长此以往，他就会形成一些如遵守规则、恭敬、善良、宽容、谦让、同情等品质。

他会比较容易从帮助他人或服务社会中获得成就感，从而增强幸福感，觉得自己是有用的、有力量的。长此以往，他就会形成责任心、乐于助人等品质。

他会喜欢挑战困难，通过挑战困难来增强积极的自我感受。长此以往，他就会形成意义感、勇气、意志力等品质。

我们想象一下，如果一个儿童在学习的过程中，意识到学海无涯，越学越觉得自己不知道的很多，这时他就会生发一种品质，这种品质叫谦卑或者谦虚。我们经常说"登高必自卑"，就是这种谦虚、谦卑的体现。假如这种品质不是他在活动中自然而然获得的，而是老师教他的，让他说话的时候不要自我表现，久而久之，儿童就会形成一种表现性的谦虚，骨子里其实很骄傲、很狂妄。

我们知道，跟别人说话的时候要放低姿态。但我们很多时候更在乎的是儿童的那种低姿态，而不是儿童在面对伟大之物、面对知识时的敬畏感。如果品质的培养脱离了它的本质，那么表面上看起来的谦虚就可能是虚假的。实际上，很多看起来很狂傲的人，骨子里是非常谦卑的。他们的狂傲只是你感觉到的，而狂傲的背后其实是"请你说服我"。对于真正伟大的事情，他们一定是谦卑的，但他们不会去假装谦卑。相反，很多人表面上很谦虚，说请多批评，但你一批评他，不管他脸上怎么表现，心里马上就不舒服了：你算老几，你能懂多少？他们不会考虑从别人的批评中学到了什么。所以，一个人的外在和内在往往是不一样的。

我们讲道德教育，不能把道德教育变成我们管理、控制、方便、教儿童听话的工具，而应该真正地去培育儿童那种阳刚之气，那种坚韧不拔的精神，那种对待整个世界、对待知识的诚实和真诚。而这些东西，儿童只有在发展中才能获得。就相当于这些品质是儿童生命发展本身的伴随物。

干老师经常讲良性教育学循环。也就是说，对于一个具体的儿童，我们要给他创造良好的精神生活，把课堂教学变成一种智力活动。儿童通过这种活动，克服困难、获得成就，然后增强信心、自尊、渴望和热爱，最后形成想要成为一个优秀的人的愿望，并不断地进入一种良性循环。在这个良性循环的过程中，无论是自尊还是责任感，其实都是道德的表现。很显然，当一个儿童积极向上时，他就是道德的；当一个儿童消极颓废时，他就是不道德的。我们要从这个角度去理解。

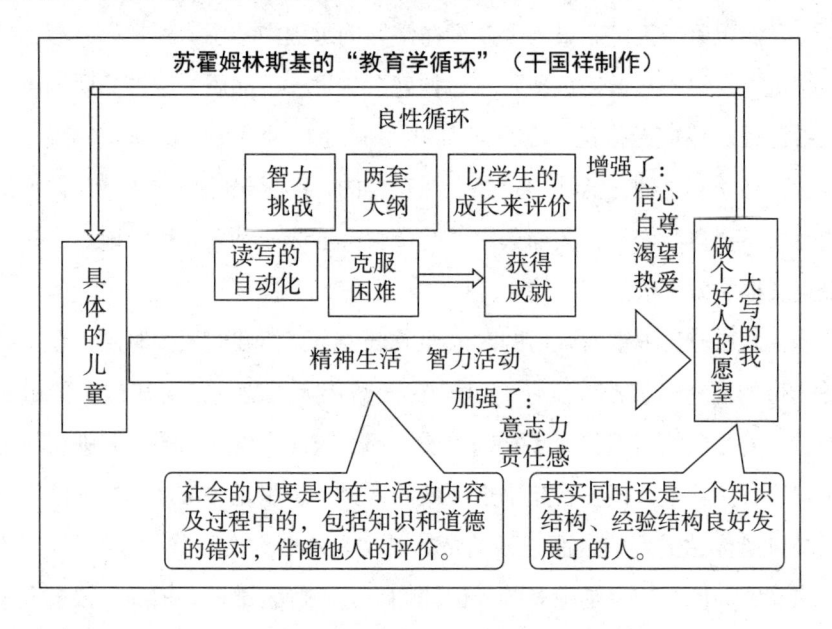

苏霍姆林斯基的"教育学循环"（干国祥制作）

良性循环：具体的儿童 → 智力挑战、两套大纲、以学生的成长来评价、读写的自动化、克服困难 → 获得成就 → 增强了：信心、自尊、渴望、热爱 → 做个好人的愿望 → 大写的我

精神生活　智力活动

加强了：意志力、责任感

社会的尺度是内在于活动内容及过程中的，包括知识和道德的错对，伴随他人的评价。

其实同时还是一个知识结构、经验结构良好发展了的人。

我们也看到这个循环实际上就是一个成长结构。你可以把它与皮亚杰、埃里克森或马斯洛的理论结构相对应。在教育教学中，儿童经常经历这样的结构：学习一篇课文，甚至一个生字，读一本书，做一道数学题，解决一件事情。教育的循环让他经历这些结构，克服困难，获得成功。所以，凡是与成长结构保持一致的思想和行为，就是道德的，有助于形成各种道德品质；凡是阻碍、破坏成长结构的，就是不道德的，会形成各种不道德的品质。这时我们就知道，处在教育学循环核心的是一个人的自我肯定，即我们所说的自尊感。同时，我们也可以说自尊感就是道德感的核心，甚至可以把自尊定义为道德。

我们已经多次对道德进行了定义。道可道，非常道，大家要去深入理解。奴才可能也有顺从的美德，但那不是真正的道德，因为他缺乏自尊感——他是出于恐惧才顺从的。在这个意义上，我们才能理解为什么苏霍姆林斯基说自尊是一个人身上首要的、主导的东西，既是一个人发展的起点，也是一个人发展的顶峰。也就是说，我们办一所学校也好，做一个班主任也好，带一个学科也好，起点是人，终点还是人。而中间穿越的，是知识与教学。

因此，道德人格课程是一所学校的根基。我们与儿童发展良好的关系，让儿童在一间教室里感到安全，这就是道德教育。在这个过程中，我们推动每一个儿童积极向上，帮助儿童理解如何处理人与人之间的关系，这也是道德教育。最后，儿童呈现出来的一种积极向上的姿态，本身就是道德教育。所以，我们要把道德心与道德规范作一个区分。

我们可以再描绘一下。也就是说，把前面讲的总结一下。

道德是从某个角度对生命的一种描述。

后来人们把其中的若干要素抽取出来，就构成了道德体系。比如说分为私德与公德，分为底线道德与美德，分为若干道德条目。

再后来，人们建立了不同的道德理论来描述道德的本质，最有名的就是效果主义和动机主义，其实就是功利主义和原则主义。这个时候我们把道德的良心跟道德产生的结果割裂开来了。这也就是说我们很多时候讲道德，其实要把功利主义和原则主义重新整合在一起。这个割裂的结果，就是我们忽略了道德不是一些被抽取出来的态度，比如说诚实、善良、乐于助人，而是一种积极的成长结构的全部，是对整体从某一个角度的一种命名。

讲了这么多，是希望我们对道德有一种本源处的理解。这个本源处的理解，对我们在学校里怎么开展道德教育是非常有价值的。

我索性再引一段话，是杜威的，他说：

我们某些性格的特征和我们的社会关系有明显的联系，强调地说，称它们是道德，比如说诚实、正直、贞操、温和等等。但是，这不过是说，这些特征和其他态度比较起来是核心的特征，它们带动了其他态度。这些特征所以是强调意义上的道德，并不是因为它们是孤立的和排他的，而是因为它们和其他我们还没有明确认识的无数态度有很密切的联系。这些态度也许我们还没有名称给它们，把它们孤立起来，称它们为德行，就好像把骨骼当作有生命的身体一样。骨骼当然是重要的，但是骨骼的重要性正是在于它们支撑身体的其他器官，使这些器官能从事统一的、有效的活动。我们特别称为德行的性格特征，也确实是这样的。道德和整个性格有关，而整个性格又与人的全部具体特性和表现相等。一个人有德行，并不意味着培养了少数可以指明的和排他的特性。所谓德行，就是说一个人能够通过在人生一切职务中和别人的交往，使自己充分地适当地成为他所能形成的人。(《民主主义与教育》)

这就是关键，就是成为他所能形成的人。我们可以从某种意义上讲，当一个人成为他自己的时候，是最道德的。我们不要把道德理解为满足他人的期待。当一个人充分地成为他自己，他就是一个道德的人。很多时候我们教儿童，教儿童做好人，是在教儿童讨好他人、获得所有人的欢心。在家里获得父母的欢心，在学校里获得老师的欢心，出去以后获得领导的欢心，这样的儿童有什么出息、有什么前途？大家想一想是不是这个道理。我们真正要培养的是那种积极、自信、昂扬向上的人，而不是符合他人期待的人；积极地成为他自己，这才是真正的道德。

我们很容易通过道德条目对道德进行遮蔽，就是刚才讲的这些具体的品性，比如诚实、正直……它们往往会被异化；它们既是道德的显现，又是道德的遮蔽。比如说，我们从生命发展中提取出孝道，这当然是对的。为什么呢？因为生命发展必然要有养育，养育要有一种传承。所以孝道就是对养育传承的一种尊重、一种揭示。但是，如果我们把养育传承本身极端化了，从整体中割裂出来，然后变成了"父母在，不远游""三年无改于父之道""守孝三年"等，这就在一定程度上妨碍了生命发展。等到了《二十四孝图》就出现了许多令人发指的残害生命的孝，像郭巨埋儿……这就从道德出发走向反道德。所以五四运动检讨孝，就是检讨生命发展本身，可惜不够自觉，到现在都不够自觉。我们很多时候强调了外力，但是人心丧失，就形式主义了。所以道德的发展是既要精确，变成道德条目，也要不断地回到原点，这就是"浪漫—精确—综合"的循环，也可以叫"体—用—体"的循环。我们认识到这一点有什么积极意义？我们要理解当一个人积极成长之际，就是符合教育学循环，他身上的道德问题就比较少；一旦成长受阻，他身上就会滋生各种各样的道德问题，比如撒谎、懒惰。

一个老师既要解决具体的道德问题，这是治病、治标，又要促进他的生命朝积极方向转化，这是健身、治本。我们今天看到儿童不爱学习，儿童不想做作业，儿童拖延，真的是儿童不想成为一个更好的人吗？指责儿童有用吗？没有用的。儿童需要帮助，而不是需要指责。指责太多，帮助太少，是我们今天教育非常大的一个问题。一个儿童是这样的，一个班级也是这样的。

我们想象一下，一个班级在欣欣向荣的发展之际，班级的纪律问题就会比较少。一旦班级发展受阻、人心涣散，班级的纪律问题就会变得比较严重，各种稀奇古怪的事层出不穷，甚至好儿童都可能犯各种错误。一个老师，既要解决具体的纪律问题，治病、治标，又要有更高的眼光，通过一些策略促进班级的整体发展。班级整体朝积极方面转化了，具体的纪律问题就会大大减轻，许多病就会不治而愈，这就是健身。一个老师总是治病，会发现病越治越多。问题解决者，就会逐渐演变为问题制造者。

而一个老师治病的同时治本，就会发现越来越没有病人可治；而人或者班级更依赖于发展，而不是维稳。那么这个时候，老师的挑战变成了什么？你不是等儿童出现问题再解决它，指望儿童听话，好让你灌输；你的班级要有使命、愿景、价值观，你要有目标，要有良好的课程。这些积极主动的作为会让问题不再产生，就是我们一般讲的，走在问题前面，这也就是干老师讲的"积极管理"。

我这样讲，大家可能对苏霍姆林斯基讲的道德教育有一定的理解了。我们也能够理解这个道德教育跟我们今天学校教育教学的关系是什么，我们在班级管理中怎样避免让自己成为灭火队员、救火队员，而让自己真正地成为一个船长，把儿童带向一定的方向。

好，前面讲的是我们今天讲的第一个话题。我们要把道德心、原初的道德，跟道德条目区分开来。

第二个话题，就是道德教育的内容到底是什么。

三、道德教育的内容

在这个问题上，我们要理解道德教育跟学科学习没有本质区别。教育跟教学没有本质区别，都存在课程内容。我们在讲到学科教学的时候，会讲到第一套大纲。道德教育有没有第一套大纲呢？答案是，有的。道德教育也应该有第一套大纲，不能够说用乱拳来解决道德问题。

苏霍姆林斯基也认为有的，我们来看《育人三部曲》中的几个段落，我边读边讲。

> 我们依据这些规律制定了道德习惯纲要。纲要中列入了下面这些道德习惯：做事要有始有终……

大家注意，苏霍姆林斯基在讲道德习惯纲要的时候，第一条是"做事要有始有终"。我们在以往的道德教育中，有没有意识到"做事要有始有终"是道德教育呢？很少。我们一般就会讲乐于助人、遵守规则、不欺负弱小，我们会把这些东西看作道德习惯纲要。这就充分说明苏霍姆林斯基讲的道德习惯跟我们通常理解的道德是不一样的。苏霍姆林斯基的时代跟今天的时代相比，完全不一样。我们今天的道德习惯纲要，已经没有必要再去套用苏霍姆林斯基时代的纲要了。我们今天应该重新建立道德纲要。继续看：

道德教育大纲好比是蓝图，我们教师就是按照这张蓝图对材料进行加工锤炼，而使之成为人的。德育大纲中应当非常明确、具体地规定，在每个人身上要确立一些什么，并把哪些东西变成他的精神财富。这是要在人的心灵中培植的善良的大纲。至于教育大纲应当包含什么内容，仅用十几行字很难说清楚。但是我认为编写大纲的人，应当遵守一条很重要的原则：大纲应当明确规定，我们的儿童要爱什么和恨什么，用他们整个生命、行动、斗争去维护什么和摒弃、鄙视、反对什么。大纲应该规定什么东西将成为儿童心目中唯一的、神圣不可动摇的真理，什么是共产主义理想，怎样引导儿童向着理想攀登。——这就是教育大纲的实质所在。

在讲到德育大纲的时候，我们发现其实也在探讨德育大概念，对吧？而德育大概念本质上是一个价值观的问题。价值观的问题，又进一步归属于文化的问题。这取决于我们对育人目标的理解和定位，即我们到底要培养怎样的人，一间教室要培养怎样的人，一所学校要培养怎样的人。

对这个问题的深刻思考，是制定第一套德育大纲的前提，这一点非常重要。如果我们不深入思考这个问题，那么本质上我们就没有真正的道德教育，而只有功利教育。那种"你好好学习，考个好成绩，老师名次也高，学校名次也高"的教育观念，并不是从一个更高的维度去考虑我们为国家培养怎样的人，也不是在考虑如何帮助每一个儿童成为最好的自己。因此，这种教育价值的问题，非常值得我们深入思考，包括它与世界文明的关系，以及它与传统文化的关系。

在这方面，南明教育已经进行了一些思考。这些思考在最早的罕台新教育实验小学就表述得非常清楚，通过愿景、价值观等文件得以明确表达。在这个过程中，我们也形成了一些纲要性的理念和方向。

比如说，干老师拟的"儿童承诺"：

我是×××学校的儿童，我承诺：我会珍惜自己，因为我是宇宙间独一无二的珍奇，我会让每一个日子过得有意义。

儿童承诺的第一条是什么？"我会珍惜自己"，自己才是所有东西的出发点。

我会尊敬老师，热爱学校；和同学平等、友好相处，不以暴力的方式解决分歧。

我会努力学习，因为我知道：只有知识才能告诉我世界的神奇和生命的庄严。

我会热爱食物，热爱阳光与温暖，热爱体育，热爱艺术，热爱人性中神圣的道德律。

我会对未来满怀希望，对未知充满好奇，我将勇敢地探索一切，逐渐抛弃性格中的那些懦弱。

我相信自己就像一朵花的开放、一叶蝶的舞蹈、一棵树的成长、一只鸟的飞翔……世界将因我的到来而更加美好。

它是贴在墙上的吗？我们的很多承诺要在一些仪式性的场合，比如升旗仪式、开班典礼等，被反复地宣讲，更重要的是我们要把这些东西转化为我们跟儿童日常交流中的语言。而不能够墙上贴的是一个东西，我们讲的是另外一个东西。如果那样就说明，这些所谓的教师承诺、儿童承诺，没有扎根在我们的内心而成为我们的一种道德命令。

同样地，再比如说"教师承诺"（干国祥版）：

我是×××学校的老师，在此郑重地承诺：

我将努力修炼自己，承担职业天命，让自己成为儿童的道德源泉和智力源泉，成为他一生的美好记忆和终身前行的动力。

我将发展我的仁心，让我能够守护教育的美好和每一个儿童的生命尊严。

我将发展我的智慧，让我能够擦亮知识，让教室成为最迷人的地方，让知识成为最神圣的财富。

我将发展我的勇气，让我能够克服怯懦，消除所有不合适的欲望，优雅地站在世间，成为天地间一道最美丽的风景。

这些句子可能在某一刻会深深打动我们，但一旦我们踏入教育的现场，往往会感到束缚和不自由。繁杂的劳动、内心的情绪，以及在与儿童面对面时常常表现出的焦躁，都会让那些深刻的理念被遗忘。

所以，道德教育难在哪里？刚才我们提到的"儿童承诺""教师承诺"，它们更像课程标准一样，需要将理念转化为每一间教室的实践。这意味着，我们所说的道德心需要具体化为对儿童的具体要求。

比如，从一年级到六年级，这些要求可以细致到每一周。就像语文要素在教室中螺旋式出现一样，我们对儿童的道德要求和纪律要求也应该有一个大纲，某些要求会在不同年级重复出现，但逐渐升级。将这样的要求与我们的教育理念结合起来，才是我们所说的第一套大纲。当然，每个年级也可以有各自认为重要的重点内容。

上一学期刚开学的时候，我在蝶湖小学的培训过程当中，草拟了一个东西。因为蝶湖的三年级是最高年级。我们三年级的儿童应该有一个共同的约定：

我们是蝶湖小学第一届学生，我们的一言一行、一举一动，将在很大程度上决定着蝶湖小学的精神面貌，并且，将对学弟学妹们产生深远的影响。因此，我们共同决定，约定适用于我们所有人的年级公约，作为我们言行的准则。

我们遵守规则，有时间意识，尊重他人的权利与感受。

我们注重安全，不在非活动区域奔跑、追逐打闹、攀援，不做任何可能危及自己或他人的行为。

我们热爱学习，上课认真听讲，课后认真完成作业，自主性强，且乐于接受挑战。

我们举止文明，不说脏话，不在教学区域大喊大叫；我们尊敬父母和老师，友善地对待同学，尤其是学弟学妹。

我们整洁干净，注重个人卫生，并且乐于承担和维护公共卫生；除老师允许的特殊庆典外，不私带零食到学校。

我们温和理性，遇到问题，以非暴力的方式解决。

我们用约定来指导行为，将这个约定具体化为我们在落实和执行过程中的行为指南。每个年级是否应该有年级公约呢？这个年级的底线、基本规则和价值观是什么？这实际上取决于年级主任以及年级所有老师是否达成了共识。

一旦大家达成了共识，那么我们是否将这个共识落实到了每一天的行动中，并对违反底线的行为保持零容忍态度，这才是真正的困难所在。

当前的一个问题是，整个道德教育、人格教育、纪律教育过于碎片化。我们对道德人格本身、纪律管理本身缺乏一种更根本的、概念意义上的、价值观意义上的深刻思考。如果有了这样的深刻思考，我们会首先用这些价值观来约束我们的教师团队，展现给儿童看。同时，我们要持久地将这些价值观带给儿童。如果你持久地这样做，它们就会化为儿童的自觉行为，变成他们的自由。久而久之，一个年级、一间教室、一所学校就能被塑造出来。

下篇

我们今天继续来讲道德教育。在上一讲中，我们大概讲了三点内容。

第一点，我们提到苏霍姆林斯基强调道德教育的重要性。道德教育在人的全面发展、和谐发展、个性发展中，占据着首要地位。因此，道德教育的核心和本质，其实就是一个人的自尊心和向上感。当生命持续不断地向上发展时，它就是道德的；当生命不是向上发展，而是向后倒退时，我们说它是不道德的。

第二点，我们探讨了道德的定义，这个定义与我们通常看到的可能不太一样。在这里，我们区分了道德心和道德规范两个概念。道德最初强调的是我们的道德心，随后，我们从这种浪漫的、丰富的、整体的道德心中，识别出一些核心的要素，形成了道德规范。而道德规范在不同的处境、语境和时代下是会有所变化的。过去的"三纲五常"不一定适合我们今天的文明时代，文明时代可能更强调的是大家共同生活的文明规范。

这样区分之后，我们学校里的道德教育就不能仅仅僵化为道德规范，而必须让我们的道德教育不断地回归本源。本源是什么呢？本源是自然，是艺术，是关系，等等。比如，我们带儿童去上思维课，带他们亲近自然，养育花草，这都是道德教育。我们带儿童去阅读，让他们投入到艺术中，学习诗歌，进行晨诵，这也是道德人格教育。同样，一间充满润泽的教室，也是道德的体现。我们对待儿童的方式，我们彼此对待的方式是安全的、相互支持的、相互鼓励的，这样一种关系也是道德的。

所有这些，都是道德规范的基础。如果没有这些东西，一间教室里大家关系糟糕，座位是按成绩排的，艺术等活动都被砍掉，所有儿童都趴在桌上只知道学文化课，然后我们再提出一些所谓的道德要求，只是为了确保他们考试能考个好分数……那么，这叫道德吗？这恰恰是一种不道德。这是第二点，我们要把道德心和道德规范做一个区分。

第三点，道德教育既然是一种教育，就需要有自己的纲要，这是我们讲的第一套大纲。一所学校关于道德教育要有自己的课程标准，即一所学校的使命、愿景、价值观。一所学校对教师的期待、对儿童的期待，越明确越好。在这个期待之下，要把道德教育内化为儿童的行为和内在的理解力。比如，一年级我们的要求是什么？二年级、三年级、四年级、五年级、六年级，以及初一、初二、初三，要求分别是什么？这些要非常清楚。这样，道德教育就不是空谈道理，而是有具体的抓手。这很重要。哪怕说这个月是阅读月，我们让大家热爱阅读，其实这也是道德教育的一部分。或者说，我们要训练儿童做事情善始善终，无论是作业还是自己在班上承担的任务，都要善始善终，这也是道德教育。我们要把这些都化为纲要，就是这个意思。

我们今天这一讲，要讲道德教育的途径，就是怎么样进行道德教育。我们先看苏霍姆林斯基《育人三部曲》中的一段话：

第一个源泉是预先计划好的教育工作（就我们讲的第一套大纲），这包括：集体中多方面的道德、劳动、创造和公民政治的相互关系，这些相互关系是为培养人而专门建立的；教育者的话；把老一辈创造的、设法获得的或通过斗争才得到的宝贵财富传给青年一代，这一切都是由教育者事先规划制定好了的。

这就是我们讲的第一套大纲。他还说：

但是还有另一个教育源泉同样相当重要。这个源泉在童年期尤其起到特别重要的作用。这就是儿童周围的复杂关系。这些关系对儿童来说是一种氛围，是能向儿童揭示各种道德内容的直观课。谁也没有把这些关系当作一种专门的教育方法进行思考；可是，成年人越是不把这些关系看作是一种能对儿童的精神世界起影响作用的力量，这个力量所起的教育作用就越大。这里必须再一次强调一下"关系"这个词。因为儿童把自己周围的一切（不仅是人，还包括事物和现象）看作是具体化了的人的观点、判断、习惯和意向。

第一个源泉，我们已经讲过了，它是我们之前提到的第一套大纲。那么，另外一个源泉呢？大家马上就会明白，它其实就相当于第二套大纲。苏霍姆林斯基在强调，道德教育本质上也有两套大纲。

道德教育的第二套大纲包含了哪些内容呢？最重要的是人与人之间的关系，我们也可以称之为公共生活。在一间润泽的教室、一所学校里，大家彼此对待的方式应该是道德的，这就是道德的另外一个源泉。如果我们说，关系或者公共生活是第一位的，那么排在第二位的是什么呢？其实是阅读。阅读也是一个重要的源泉。当然，还有其他的，比如到大自然中去、沉浸在艺术中，这些都属于第二套大纲的内容，我们也可以称之为道德气氛。这一点非常重要。

好，那我们第一个问题就厘清了：道德教育有两个源泉，这两个源泉对应的是两套大纲；而这两套大纲，正是我们上一讲所讲的道德教育的内容。

接下来，我们来看一看苏霍姆林斯基是怎么讲述道德教育的方式的。

一、直接教育

他首先提到了直接教育。直接教育就是直接跟儿童讲道理。他说：

一位具有高度教育修养的教师，能教会儿童通过公开表述自己的意见进行思考。他向青年人叙说自己的疑难，恳求他们说出自己的主张，邀请他们共同推敲。这样一位教师的语言是自然而然地倾吐出来的，是发自内心的，它确立起一种信任、坦诚、融洽的气氛。教师与儿童的这种交谈，奠定了他们的善恶观和道德价值观的统一，会使师生亲密无间。而一切企图耍花招"穿过后院"进入儿童精神世界并达到与儿童亲近的想法，通常都会以失败告终。教师只有尊重和热爱儿童，相信他们每一颗年轻的心灵都有善良的因素，并对种种做作、虚假、伪善的东西毫不妥协，才会拥有获得他们坦诚之心的道德权利。

　　对儿童进行德育的另一种有效手段，是把他们引进道德思想对抗的世界。我们认为这是利用暴露对立思想和倾向、活跃青少年思维的苏格拉底法。采用语言媒介的这种方法，不仅在教学中非常重要，在德育方面也是必需的、很有意义的。(《德育中的教师语言》)

　　这两段话极其重要。

　　第一段讲的什么意思呢？就是我们相信什么、朝向什么、认为什么是对的，我们要跟儿童直接地、坦率地就我们的价值观进行交流；而且鼓励儿童说出他的疑难，跟儿童自然而然地推敲；这是一种直接的道德讨论，非常非常地重要。它必须建立在坦诚的基础之上，它不能够建立在儿童迎合老师的基础之上，这肯定是有难度的。但是这是很重要的。

　　他说："一切企图耍花招'穿过后院'进入儿童精神世界并达到与儿童亲近的想法，通常都会以失败告终。"这句话的意思是，有时候我们想要进入儿童的精神世界，与他们亲近、进行交流，却往往采用一些技巧，这些技巧中包含着对儿童的收买和对关系的利用。有些人很擅长此道，可以说很会做人。他们不仅在同事中左右逢源，在与儿童相处时也同样如此。他们通过给儿童一些好处或者言语上的"贿赂"，让儿童觉得与自己很亲近，从而听从自己的话。

　　然而，这本质上是一种控制术，而非真正的教育。虽然这种方法有时很有效，但长此以往，会降低一个人的品格。因为我们没有教会儿童原则，只是让他们觉得：这个老师给了我好处，我要给老师面子。就像以前我们有时会让最调皮捣蛋的儿童做班长，以此达到控制他们、让他们自我控制的目的。很多时候，不成熟的班主任或者一些世故的班主任，会把大量精力用在琢磨这些事情上，不仅对儿童如此，对同事也是如此。这是我们中国文化中的糟粕，我们经常会用权谋等方法与别人相处。但苏霍姆林斯基和我都不赞同这种做法。

我们与儿童交流时，所讲的东西必须是我们真正相信的，而且我们要尽量去说服儿童，而不是利用人际关系。如果儿童在我们面前屈服、服从或尊敬，但换一个场所或换一个老师，他们的态度就变了，那就意味着儿童的德行始终没有建立起来。因此，在德育理念上，我认为这种技巧是非常有问题的。最重要的是，老师必须是一个非常有道德的人。老师对原则的坚守、做事有始有终、在儿童面前说话诚恳、不撒谎，这些都是非常重要的。老师对儿童的道德权力，在某种意义上就源于彼此之间的信任。这是第一部分。

第二部分也同样重要。他说："对儿童进行德育的另一种有效手段，是把他们引进道德思想对抗的世界。"用我们今天的道德理论来讲，就是价值澄清。价值澄清理论是通过相互冲突的道德事件来发展儿童的道德能力，其中最著名的就是道德两难讨论，比如电车难题。我们在教材中也经常有这样的讨论。

比如，在上初中课时，第一课讲到邓稼先和杨振宁。我们在后面设置了一个问题：邓稼先当时没有离开祖国，在祖国造原子弹；而杨振宁离开了祖国，物理学也取得了很大的成就。我们该怎么看这两个人到底应不应该离开祖国？实际上，这两个人构成了一种冲突、一种对抗。我们通过这种冲突、对抗的澄清，让儿童既认识到邓稼先的重要性，也意识到杨振宁的重要性；同时，也让他们知道一个文明的社会如何尊重一个人的选择，不能把爱国主义与一个人在国内还是国外简单地连接起来。这样，就发展了儿童的道德理解力。

更多的时候，我们其实是在整本书的讨论中探讨这个问题。比如在《西游记》中，唐僧与孙悟空"三打白骨精"的冲突，讨论唐僧对还是孙悟空对，其实就是一个道德问题的讨论。我们在讨论《夏洛的网》中的坦普尔顿、夏洛等角色时，也是一种道德讨论。这种价值澄清，也是我们语文课突破人文主题或儿童课程、整本书共读非常重要的一个方面。它之所以是苏格拉底式的，是因为苏格拉底强调"未经反思的人生是不值得过的"。在苏格拉底看来，未经反思的实践本身是不道德的。这一点也非常重要。所以，虽然只有短短的两段，但却非常有价值。

我们再看一个片段，关于表扬的。

苏霍姆林斯基在《育人三部曲》中说：

十分重要的是，不要把善良的感情和所做的好事变成一种宣扬的"手段"。尽量少谈论做过的好事，不要为做好事给予任何夸奖——这应该成为我们教育工作遵循的原则。最有害的是，儿童在思想上把人道的行为看成是自己的功劳，几乎认为是一种了不起的行为。这经常是学校的过错。一个儿童拾到别人丢的10个戈比，交到班里，整个班集体一下子都知道了这件事情。

记得在一所邻近的学校发生了一件有趣的事情。一个女孩拾到5个戈比，交到班里。老师大大夸奖了她一番。第二天课间休息时，三个女孩和一个男孩跑来找老师，原来他们几个都拾到了同学们丢的钱，有的捡到了一个戈比，有的两个。儿童们都盼着得到夸奖，老师感到有问题，发起脾气来……儿童们就是这样学会了端出"桩桩好事"，如果不为此表扬他们，他们就不满意。

大家看，我们读到这个地方的时候马上会想起什么？我们到了"学雷锋活动月""学雷锋活动日"，一个班总会涌现出很多的好人好事。而且我们原来上学的时候，班上还要统计好人好事，各个班还要评比，看哪个班的好人好事多。学校还会进行表扬。

我们今天觉得很荒谬，但是今天学校里的许多德育跟原来的有什么区别？今天很多的德育活动，并不是在塑造儿童的价值观，而仍是用奖励或者惩罚的方式在做，其实本质上不是道德教育；因为道德让人自由，我们很多的教育其实仍然着眼于对儿童的操控。

所以，苏霍姆林斯基还讲道：

好心应该像思维一样成为一种正常现象。它应该成为一种习惯。我们的教育集体力图使好心的、诚挚的、热忱的行为给儿童们带来极大的满足。

教育中最细致的方法是表扬好的行为，称赞好人好事，鼓励人们做出从本质上表现人类高尚情操的行为。形象地说，表扬就如同是教儿童阅读那些叙述人类基本素养的书籍。家庭和集体的赞扬，能在儿童心目中提高他自己的地位，确立他的自豪感。但是，如果只有表扬才能给儿童带来欢乐，那就潜伏着一种危险。真正的教育技巧是使人们做好事而不指望表扬。

老师们思考一下，到底要不要表扬儿童？苏霍姆林斯基一会儿说要表扬，一会儿说不表扬，他到底要表达什么？

最核心的话是什么？最核心的话就是："如果只有表扬才能给儿童带来欢乐，那就潜伏着一种危险。真正的教育技巧是使人们做好事而不指望表扬。"

这个是问题的关键。

是不是表扬并没有那么重要呢？如果儿童仅仅为了表扬而做好事，那这就不是真正的道德行为。因此，表扬和做好事应该成为一种习惯。当儿童做了好事之后，我们对他们的表扬和赞赏，应该像是额外的奖赏，这样才是对的，儿童并不应该依赖于表扬。但是，当这种行为达到一定程度后，我们给予表扬其实也是有必要的。因为这时候的表扬，主要不是为了这个儿童本身,而是为了向其他人展示一种榜样。

那么,我们如何拿捏这中间的分寸呢?简单来说,就是不要轻易表扬。比如,捡到一个东西然后去寻找失主,还给同学,这应该像吃饭喝水一样自然,在我们班就应该是这样的氛围。这种行为有什么值得表扬的呢?没有必要。但是,如果一个儿童在路上看到一个人遇到很大的困难,他费了九牛二虎之力去帮助这个人克服困难,最后被帮助的人把这个情况反映给老师,那这种行为就需要表扬。因为儿童在做这件事情的时候,并没有期待表扬,但他为了帮助别人,付出了很多努力。

所以,德行的发展并不依赖于表扬,而是依赖于内在的律令。但是,我们需要嘉奖做好事的行为。嘉奖这种行为并不是为了这个儿童本身,而是为了给其他人看。它是一种文化,而不是控制与交易。

当我们能够区分开这一点后,我们就明白了:对于越小的儿童,我们越需要用表扬在班上营造一种氛围;而对于越大的儿童,我们则越不需要频繁使用表扬,而是要让做好事的行为变成我们团队自然而然的一种方式。甚至有时候,在语言上,都可以直接跟同学交流这些想法,让他们觉得这种行为是非常自然的。难道你捡到东西不应该寻找失主,而是要揣进自己腰包里面吗?这显然不是我们班级同学应有的行为。

说白了,在道德教育中,我们要慎用表扬。一定要表扬的时候,要正确地表扬,不要把表扬变成一种交易。

除表扬之外,我们怎么样去看惩罚?

惩罚也是一种直接教育。苏霍姆林斯基在《育人三部曲》中讲道:

千万不能使用体罚的方法"教育"儿童——用皮带抽、打后脑勺、拳打脚踢,这会使儿童的心灵变得迟钝、凶狠,变得冷若冰霜和残酷无情。我一再使家长们相信,体罚不仅表明家长软弱无能和惊慌失措,而且还是一种极不文明的教育方法。皮带和拳头会扼杀儿童心中细腻敏锐的情感,会强化愚昧的本能,在谎言和奉承这种毒药的麻醉下,人就会被腐蚀了。

用皮带教育出来的儿童会变成麻木不仁、没有心肝的人。能动手殴打同学的儿童，只能是那些曾经尝过、现在仍在品尝宗法式教育"美味"的人。

我们的学校是一定不能有体罚的：老师不能体罚同学，同学也不能对同学施加暴力。这个很重要。遇到这样的事情，我们都要严肃对待。

然后他接着说：

少年的犯罪和违法在很大程度上也是"拳头教育"的结果。

教育中的皮带和拳头，这是我们教育工作者的羞愧与耻辱。所谓羞愧和耻辱，是因为儿童常常害怕到学校去，害怕走进这个意味着人道、善良和真理的神圣场所，因为他们知道：教师会把他们的不良行为或者学习成绩不好告诉父亲，父亲就会打他们。这不是抽象的图解，而是痛苦的真理；许多母亲以及儿童本人都经常在来信中提到这一点。教师在儿童手册上写上："你们的儿子不想学习，请采取措施。"这实质上就是教师经常把一根鞭子放在儿童的书包里，而父亲就是用这根鞭子来抽打自己的儿子。试想一下这样的情景：一个复杂的外科手术正在进行之中，技术高超的外科医生正俯身在露出的伤口上动手术。突然，一个腰里别着斧头的屠夫闯进了手术室，他拔出斧头就朝伤口砍去。那么这把脏斧头，就等于是教育中的皮带和拳头。

这个其实不用我多讲，对吧？我们今天做教育，不能动不动就找家长。因为儿童一旦被送到学校，教育他们就成了我们的责任。

有时候我们找家长，并不是为了告状，也不是为了让家长在家里狠狠惩罚儿童，或者以家长来要挟、威胁儿童；而是因为我们需要了解儿童在学校的行为表现，以及他们的家庭背景，这样方便我们进行教育。

有的时候，我们需要家长的协助；有的时候，家长也应该有知情权，他们要知道自己的孩子在学校里的表现。在告知家长情况时，我们应该温和地跟他们讲，虽然孩子在学校有问题，但我们一直都在努力帮助孩子改正，所以希望家长不要动不动就打孩子，还是需要跟孩子好好沟通的。

当我们这样做的时候，我们才是真正在教育，而不是简简单单地用惩罚的手段。我们经常说，哪怕家庭里"棍棒底下出孝子"，但棍棒底下绝对培养不出一个自由、有德行的人。

所以，如果学校教育涉及惩罚，那应该只有两个目标：一个是维护规则，一个是促进儿童内在德行的发展。但这里的惩罚绝不是体罚，而是让孩子为自己的行为结果负责。

好，我们再看两段。他说：

惩罚不仅是强制的极端形式，也是对儿童品行做出公民评价的一种形式。只有当教师使儿童信服某一原则，并迫使他思考自己的品行和对待他人的态度时，惩罚才能起到再教育的作用，我们仅把责备视为这种惩罚的形式。

教师对于儿童的责备是否具有教育力量，取决于教师自身的道德品质，取决于他的分寸感和威信。（《德育中的教师语言》）

这是说，只有热爱人的人才能惩罚人。就是你在儿童那里有威信，就相当于你拥有领导力，拥有权力，这个时候你的责备才是有力量的。所以他说：

不管对儿童的品行的评定有多尖锐，有经验的教师从不采取一棍子打死的做法。在机智的责备中，往往包含着惊诧的语调："我期望的可从来不是这种行为，你比你的行为要好得多。"这些话不能平板地说出，而应当"流露出字里行间的意味"——责备的艺术正在于此。如果教师不是巧妙而机智地运用责备，而一味地"诉诸"咒骂，凌辱儿童的人格，这势必激起儿童的失望、怨恨、孤僻、蛮横，视教师如仇敌。责备的艺术在于严厉和善意的机智结合，儿童在教师的责备中感到的不仅是公正的严厉，而且是仁爱的关怀。(《德育中的教师语言》)

这大家能理解，对吧？其实就是把人跟事情分开来看。我们不能把责备、批评、惩罚直接强加给人，我们实际上针对的是人身上的某些行为或品质。就像干老师说的，"对灵魂无限爱护，对错误零度宽容"。把人跟事作一个分离，这是惩罚的艺术。

一般来说，恰当的批评会增强儿童的自尊，并且有助于问题的解决；而不恰当的表扬也可能起到相反的效果，让儿童感到被羞辱。

我打个比方，我可能在批评一个优等生，说："你看一看你有多马虎大意。这个题为什么会错？你本来应该考 100 分的，结果你只考了 94 分。为什么会这样？"儿童一听，他内心的感受是什么呢？是在老师心里，他是一个能考 100 分的儿童。所以，虽然你在批评他的马虎大意，但儿童感受到的是你对他这个人的充分肯定。你认为他这个人有考 100 分的水平，只是他今天没有达到这个水平。这个时候，你对他的定义就是一个 100 分的人。所以，他今天考了 94 分，就是没有达到他可能达到的水平。这实际上对儿童是一种肯定。

相反，如果别人平均分都是 90 分，而这个儿童考了 60 分，然后老师表扬这个儿童说："你太了不起了，你这一次远远超出老师的期待。你上一次考了 40 分，这一次已经考到了 60 分，这对你来讲是一次历史性的突破，加油，好好努力。"有时候儿童会不舒服，因为儿童觉得在老师眼里，他就是个考 40 分的，所以考 60 分就好像很了不起了，但别的儿童平均分是 90 分。

如果你换一种说法就不一样了。比如，儿童原来考 40 分，现在考了 60 分。然后你跟儿童说："你看你这一次考了 60 分，上次考了 40 分，你的进步很大。但是老师不希望你骄傲，不希望你沾沾自喜。为什么呢？

因为在老师眼里,你考到80分、90分是完全可能的。你今天考了60分,你自己可能觉得已经很好了,但是还没有达到老师对你的期待。"你看,当你这样讲的时候,儿童的感觉是不是就不一样了?这里面的逻辑就是我们讲的"高期待、细跟进"。儿童关心的是,你的批评背后对他实际的看法与期待。我觉得这是非常非常重要的。

这并不是说不要批评、不要责备、不要惩罚。当然,惩罚我们通常会建议是等值的惩罚,基于游戏规则,是大家认可的。这样,儿童接受惩罚也会是心悦诚服的。这肯定是没有问题的。

苏霍姆林斯基这里有一个案例,他说:

有一次五年级学生柯斯佳和根纳季在院子里跑着玩,碰坏了一株小苹果树。这株苹果树是孩子们两年来一直精心照料的。回到教室后,我坐在桌旁,不知该说什么好。柯斯佳和根纳季自动站在黑板前(虽然谁也没有让他们这样做),脸色苍白,不知所措。30双眼睛看着他们,但是孩子们的目光里没有谴责,没有恼恨,有的只是同情。在一个友爱的集体里,这也是很自然的:小伙伴有了伤心事,伤心事当然是引人同情的。在这种情况下,难道还谈得上给这两个闯了祸的孩子以什么惩罚吗?惩罚是不能奏效的。

于是我让他们回到自己的座位上去。我对发生的事表示了惋惜,然后对大家说应该想个挽救的办法。我告诉孩子们夏天也可以移植树木,但需要特别细心管理。话音刚落,马上就有孩子表示愿意试验一下,在原来的地方重新种一株新的苹果树。下课以后,班上的孩子们便和柯斯佳、根纳季一起上苗圃去了,他们在那里选中了一棵小苹果树,并小心翼翼地把它运到学校来了。

从此以后,谁也没有向柯斯佳和根纳季提起那件事,谁也没有强迫他们两人照管新栽的小苹果树,可是他们俩却成了最关心、最爱护果树的孩子。秋天,他们给春天在校园里种下的所有树木的根部都培了一圈土,还灭掉了果树上的害虫。孩子们如此高涨的劳动热情难道单纯是因为他们深刻地认识了自己的错误吗？不是的，不完全如此。激发他们劳动热情的主要源泉是大家对他们的信任，对他们内心世界的体贴和关切。(《帕夫雷什中学》)

大家看一下这个案例，我们能从中得到什么启发呢？如果我们来处理这个案例，我们会怎么做？假如有两个儿童不小心破坏了教室里的公物，通常的做法可能是把他们叫过来批评一顿："你们怎么这么不小心？"然后通知家长，让儿童赔偿，班上的其他同学可能会因此觉得这两个儿童很讨厌。我们精心照料了两年的教室，一会儿功夫就被他们给弄坏了。但当我们这么做的时候，虽然看似都有道理，批评也对，要求赔偿也对，大家对他们的反感也自然，但问题真的解决了吗？没有。不但没有解决问题，反而把这两个儿童与集体，包括与老师隔离开来。我们以这种方式，把这两个集体中的儿童变成了"他者"——"我与他"，而不是"我与你"。这是我觉得非常遗憾的一件事情。

苏霍姆林斯基的高明之处在于，他并没有说"你碰坏了没有关系，你不用为这个东西付出代价"，而是把两个儿童看作我们集体中的一员，与他们一起考虑如何解决这个问题。他们既然是我们班集体的一员，那他们做的错误行为，我们要与他一起分担。通过这种分担，让儿童感觉到我们是一家人。这就像朋友之间一样，大家要共患难，共同来解决问题。

在解决问题的过程中，问题既得到了解决，儿童的德行也得到了发展，整个班级的氛围也变得更好了。这也可以说是一种非常好的集体教育。当我们这样做的时候，我们不是在做警察，不是在做管理者，而是在做道德教育。我们通过这样的一种方式，把一场危机转化为契机，这是非常重要的。

再想一想《放牛班的春天》里的马修老师，当那个儿童把门卫（神父）弄伤时，校长想要全校轮流惩罚以找出这个儿童，但马修老师保护了这个儿童，不过并没有纵容他，而是给他任务，让他照料神父，让他为自己的错误负责。这就是关键所在。既然一个班集体是一家人，我们为什么不这么做呢？

比如我们班上有同学犯错误了，可能以调皮捣蛋的方式伤害了班上的其他同学。其他同学可能会觉得这个同学是"老鼠屎"，一颗老鼠屎坏了一锅汤。有的同学可能会说，这个同学太糟糕了，一定要批评打击，甚至让他转学。如果一个同学对班上其他同学的危害达到一定级别时，当然要让他转学，因为他已经不再是我们这个班级的一员了，这属于"敌我矛盾"。但儿童之间的矛盾大多数时候都属于"人民内部矛盾"。

那这种情况下，老师的自然反应往往是批评：你看，你惹怒了大家；你做了什么事情，所以你要改正。但其实更好的做法是把人与事分开来，在跟全班同学定基调的时候，要站在保护这个儿童的基础之上。一般的处理方案应该是：没错，刚才这个同学的不恰当行为，造成了一些结果，伤害到了我们这个班级。但我希望大家永远记得，哪怕他犯了错误，我们仍然是一家人。我们要爱护他、帮助他，而不是一味地批评指责他。我们要想的是，怎么跟他一起弥补错误，让他获得成长。

假如是你的兄弟姐妹犯了这样的错误，你会怎么对待他？我们就要像对待兄弟姐妹一样，对待我们班的每一个同学。对班上的学困生、问题生的保护，与对他们的问题的不宽容，把这两者结合起来，就是非常好的教育。但这种教育在今天来讲是非常难的，因为我们的教育很多时候都是自然反应。在自然反应下，我们会觉得"这个儿童可讨厌啦"，我们的批评虽然打着正确和合理性的名义，但其实里面夹杂了很多情绪，是一种情绪宣泄而不是解决问题。这就意味着我们的道德教育方面是不够成熟的。这是这个案例带给我们的启发。

前面讲的是直接教育。直接教育，包含了跟儿童讲道理、劝诫，包含了表扬和惩罚。刚才已经梳理清楚了。

直接教育之外还有间接教育。

二、间接教育

我们再看一段，间接教育实际上主要就是班级里的道德气氛、关系、润泽的教室等。

我们看一下这部分内容：

人们的生活一幕幕从儿童眼前闪过，生活的每一个细节都反映到儿童的记忆中，有时是绕过意识，似乎不知不觉就进入到了记忆深处。生活不但反映到意识中，也反映到潜意识之中。记忆是自动工作的，来自周围世界的信息进入潜意识的要比进入意识的多。在潜意识里信息不是杂乱无章地堆积在一起，而是分门别类、有系统地排列起来，而人的各种社会本能就是由此表现出来的。如果一个儿童吃完了一个苹果，手里拿着咬剩下的苹果找地方扔，当他没有找到垃圾箱时，就把苹果核揣进了自己的口袋里，这里起作用的就是人的社会本能，这种本能是通过潜意识中信息的长期积累而形成的。虽然这些信息并不是专门为教育提供的，却能产生强烈的教育作用。如果没有这些信息，一切善良的劝导都是徒劳的，对儿童来说如同对牛弹琴。(《育人三部曲》)

这讲得很清楚，跟我们刚才讨论的第二套大纲紧密相连。我们的道德教育，实质上是在创造一种道德气氛。这种道德气氛，就是一间教室里大家共同生活的氛围，是班级的风气，大家彼此对待的方式至关重要——包括我们教师的语言，我们必须保持诚实。如果我们错了，就应该大大方方地向儿童致歉。比如，我们上课迟到了，上课的铃声已经落下，按照规定，铃声落下后就算迟到。如果我们迟到了一段时间才进教室，那么第一件事就是要诚恳地向儿童道歉："实在对不起，因为……迟到了，老师以后一定会注意。"你说了这样的话，儿童对你的感觉就会变好，也会更倾向于不迟到。如果你自己都迟到，却要求儿童不迟到，那你不是有两套标准吗？有两套标准怎么能让儿童信服呢？如果你对儿童都说脏话，那儿童怎么可能不说脏话呢？这些我认为都非常重要。一个老师在一间教室里的言行举止，是非常非常重要的。

　　除此之外，在与儿童的日常互动中，我们经常要用一种正面的方式去传递、去潜移默化地改造教室的气氛。比如，我们现在组织儿童去看电影。当一个班的孩子走进电影院时，大多数儿童会抢占最好的座位。有时候，有的儿童抢了最好的座位，这本身没问题，但如果其他儿童要坐到里面，就会很不方便。这个儿童坐在座位上，没有考虑到其他儿童进出的方便，让他们从自己的腿边艰难地挤过却觉得心安理得。遇到此类问题，每次大家都会讨论。我们都会说，虽然这只是一个小细节，但它会展示我们的形象。我们不应该这样对待彼此，那么，我们平时在坐座位的时候，应该坐在哪里呢？大家需要去思考这个问题。

　　这些细小的事情，我们一次又一次地与儿童进行日常交流，甚至不是在专门的班会上。如果我们有晨诵，就可以在晨诵前，通过照片展示一些好的行为，然后我们在讲的时候，不是简单地表扬，更多的时候，是表达老师的感受。比如，"老师今天走进教室，感到很温暖，为什么呢？因为尽管老师来得比平时晚，但早到教室的同学已经在安安静静地读书了，这让老师感到很安心"。当你这样表达的时候，你不是在评判，而是在表达你的感受，表达那些良好的行为带给我们的好感受。这样久而久之，一间教室的氛围就形成了。你不是等到儿童出现问题才去跟他们说，对吧？

　　所以，一间教室最终的道德气氛，取决于老师本人的道德人格，以及老师对教室道德风气、道德气氛的敏感度。你一旦敏感了，就会与儿童有很多细节上的互动。

　　我们的儿童在学校里有很多不礼貌的行为，老师一般会忽略，这种忽略是不对的，但也不一定非要批评。比如，有的儿童的一些行为对老师是不礼貌的，儿童可能是无意识的，老师会觉得不舒服，但老师又觉得这不是什么大事情,所以选择了忽略。

遇到这种情况,你可以把好的行为跟儿童进行分享。比如,说说你今天下楼梯的时候,遇到一个儿童,他见到你是怎么反应的。"老师那一刻觉得很暖心,为什么呢?因为这意味着,当他和老师擦肩而过的时候,他展现出了一种能力,一种同理心、同情心以及对老师的善意,他的反应非常礼貌得体,让老师心里也非常舒服。对这个同学,老师的看法也发生了很大的变化,觉得他是一个非常有教养的儿童。那老师今天为什么这么说呢?因为其实很多时候,有的同学见到老师是这样表现的……这样表现实际上是让老师不舒服的。但老师为什么不说呢?因为老师知道,同学们对老师也是善意的,这些都是无意识的。但是今天为什么要说呢?因为老师如果不提醒,大家可能意识不到……"

你就用这样的方式跟儿童不断地互动,互动久了,你的教室就会发生变化。不然的话,我们的德育就会变成一种被动应对。儿童出现问题,我们才去应对,而且应对的时候往往很生气,带有情绪,粗暴批评。我们应该更多地在儿童表现好的时候,去雕塑每一间教室,捏塑它的每一天,让它变得更好。我认为,这种雕塑是非常重要的,对于道德气氛的营造至关重要。

三、集体教育与自我教育

最后我们再讲两个话题:一个是集体教育,一个是自我教育。

苏霍姆林斯基非常重视集体教育,他还专门写了一本书,书名就叫《培养集体的方法》。

然而,集体教育是一个极为复杂的问题。为什么呢?我们究竟应该将一个班级视为一个集体,还是一个共同体?我认为这是一个值得深思的问题。在过去的时代,我们特别强调集体。在工业时代,人们强调人多力量大,要齐心协力办大事,因此集体被放在了突出的位置。当我们强调集体时，个体往往被视作螺丝钉。

但如今，我们已经进入了后工业时代，这是一个互联网高度发达、个性被极度彰显的时代。原来那种螺丝钉背景下的集体与个体的关系，已经显得不太适合了。因此，我们今天更倾向于将一个班级看作一个共同体。

既然班级是共同体，那么它的一种关系就应该像孔子所说的"和而不同"。共同体意味着我们有共识，这个共识就是我们班级的底线。在不违背这个共识底线的前提下，每个人都有他的自由空间，可以与其他同学不同。这是原则，对吧？

这个原则在实践当中，我个人认为也是非常重要的。这就意味着我们在处理共同体与个体的关系时，要对儿童进行教育。也就是说，我们班级的规则、程序只能是底线性质的。规则与程序的目的不是限制个性，而是保护个性。就好像在一个无政府的社会里，每个人其实都不自由，因为没有安全感。

因此，我们老师需要在这里把握好度。比如，老是要求儿童手背后、坐端正，或者到哪里都排队，这些整齐划一的要求并没有太多意义。因为它们并不能确保每个儿童都能得到真正更好的发展。而且，如果处理不好，集体还可能成为打击个别儿童的大棒，这是有问题的。

正确的方式应该是，集体对个体施加的影响主要通过价值观、共同的规则来实现。如果你违反了规则，集体就会对你形成一种舆论压力。当然，大家也会帮助你，但压力是存在的，压力与帮助之间并不矛盾。这就是我们讲的集体教育。

今天由于时间关系，我们不在这里作更深一层的探讨。

与集体教育相对的，那可能就是自我教育了。

苏霍姆林斯基说：

少年时期和青年早期，是个人智能、道德和社会意识自我肯定的年龄期。在这个年岁上，儿童精神上的正常发展，取决于他在集体人际关系和活动的一切领域中自我肯定的深刻程度。只有当少年不仅学会仔细观察周围世界，而且学会仔细观察自己时，只有当他不仅渴望认识自己周围的事物和现象，而且渴望认识自己的内心世界时，只有当他心灵的力量集注于使自己变得更美好、更完善时，他才能成为一个真正的人。这里谈的是精神生活一切领域的自我教育。(《帕夫雷什中学》)

最终，我们必须走向自我教育。如今，我们称之为自组织，无论是小团队还是个人，都需要去自组织其生命，这在今天至关重要。你不能像集体主义那样用一个模式去塑造所有人；同时，你也不能秉持自然主义，认为儿童应该不受任何限制。为了进行良好的自我教育，我们需要把自我教育与之前提到的共性、个性之间的关系梳理清楚。

怎么梳理呢？我来打个比方。假设我们把道德养成教育或者学习比作吃饭，老师跟儿童一起进餐，那么可以这样理解：

第一点，饭菜的种类越丰富越有利于儿童健康。这里的饭菜指的是我们的教学内容。教学内容越丰富，越有利于儿童的全面发展。对道德教育而言，这意味着建立在共识基础上的价值多元。

第二点，我们要尽可能采用自助餐的形式。自助餐更能满足儿童的身体需要，因为每个儿童的身体状况都是不同的。这一点强调的是，每个人都是自己道德选择的主体。一个好的团队应该是价值多元的，而且每个人都有权选择自己的价值观。

第三点，自助餐并不意味着饮食的绝对自由。老师有义务禁止有毒的和过期的食品，无论它们看上去多么诱人，即使儿童强烈想吃。同样，任何道德选择也不是绝对的，都必须基于传统和底线共识。比如，你不能说读了希特勒的自传，就想去做那样一个人，那是不行的。那是有毒的价值观，违背了底线。

第四点，老师要不断地向儿童介绍食物的利弊，示范合理饮食，协助儿童作出正确选择。但这个导向不是强迫规定，而是老师在秉持价值观对话的过程中，帮助儿童形成主导价值观，并以此为共同体的方向。

第五点，如果儿童长期偏食，老师要进行积极干预，确保儿童理解偏食的危害，并逐渐纠正这一行为，必要时还要采取措施。也就是说，一旦儿童丧失了自主能力、自我教育能力或者自主性不足时，老师要果断干预，并培育他的道德自主力。

这其实就是我们所说的"被动的能动性"，即教育与自我教育必须结合起来。教育的最终目的，是我们通过被动的引导，达到儿童主动自我教育的目的。因为儿童的道德教育必须源于主动建构，而无法简简单单地进行外部灌输。所以，自我教育其实是道德教育的最终目的。

第十讲

精神生活

今天是苏霍姆林斯基教育学的第十讲,主题是精神生活。

精神生活,这可真是一个奢侈的话题。在封建社会,精神生活往往是少数贵族的专利;老百姓呢,他们的精神生活可谓贫瘠,偶尔看场戏,或是听听民间流传的"牛郎织女"之类的传说,便算是难得的精神享受了。因为精神生活,往往与闲暇紧密相连。或者说,只有当人拥有精神生活时,他才是真正自由的。如果一个人整日忙碌于考试,或是为生存而奔波,虽不能说他完全没有精神生活,但他的精神生活是碎片化的,他对精神生活本身也缺乏一种深刻的洞察。

由此,我们不难想象,当谈及一所学校的精神生活时,它是何等重要。一所学校、一个班级、一位老师,乃至每一个儿童,如果缺失了精神生活,就会沦为工具人,无法感受到在学校工作或学习的真正意义。有时,我们会觉得自己就像一只陀螺,被看不见的命运抽打着,转来转去,却始终找不到生活的方向。如今,许多儿童的心理问题,甚至包括我们许多老师内心的郁闷,其实都与精神生活的缺乏息息相关。因为缺乏精神生活,我们开始疑惑:做这一切,究竟是为了什么?仅仅是为了工资,或是未来的一个好成绩吗?

这个问题苏霍姆林斯基很早就注意到了。他说:

现在我们的许多弊病,其根源就在于人的表现的片面性、畸形的单方面性。如果说许多学校里,人的表现的唯一领域就是知识的评分,就是他能达到学校所规定的那个最高点的程度,那么这么说恐怕也并未远离事实。形成了一个习惯的、牢不可破的观点:一个人得了好的评分,那他就是个好人,得了坏的评分,那他就是毫无出息。

如果一个人只是在分数上表现自己,那么就可以毫不夸张地说,他等于根本没有表现自己。而我们的教育者在人的这种片面性表现的情况下,就根本算不得是教育者——我们只看到了一片花瓣,而没有看到整个花朵。一个人表现自己的领域越狭窄,全体教师的关心越是局限在知识上,那么反而对知识越有害,人对自己在学习上的成就就越冷淡,他的学习愿望就越低落。
(《帕夫雷什中学》)

如果缺乏精神生活,师生关系就会蜕变成片面的教与学的关系,而不再是共同生活的有机组成部分。我们今天所倡导的共读、共写、共同生活,其实都是在强调精神生活的不可或缺性。

老师往往只关注儿童在课堂和学业上的表现,却忽视了他们与直接学习无关的生活或整体生活。周末、寒暑假被视为儿童和家长的事情,与老师无关,这是老师休息的时间。我们没有意识到,儿童的生命和生活是一个不可分割的整体。

在这种情况下,儿童之间的关系变得自发而无组织,缺乏明确的指导。一个儿童如果被排挤,他该如何发展与其他人的关系?校园欺凌、亚文化、小圈子的出现,只要不影响学习成绩或酿成安全事故,我们往往选择视而不见。我们没有意识到,即使是儿童之间的相互关系,也是需要引导和指导的。

同样，老师之间也存在割裂。表面上关系和谐，但骨子里却是疏离的。因为大家各自为战，缺乏协作，有时甚至存在竞争关系。儿童的生活也是割裂的，学科之间缺乏联系。学地理时不知道与历史、政治有何关系，学历史时也不知道与科技有何联系。课上与课下也是割裂的，课上一个样，课下又一个样。儿童所学的东西与他们的行为表现之间存在割裂，校内与校外同样存在多重割裂。

家校关系也往往处于一种交易和博弈的状态。我们以提高成绩为主要的共识，缺乏全面丰富的交流和更高的共识。作为学校，我们应该从儿童进校的第一天起就向他们传递我们的价值观。如果家长不认可这些价值观，他们可以选择转学。但我们应该明确告诉家长我们所需的价值观是什么，而不是仅仅围绕着试卷分析来开会，表扬好的儿童，批评学得差的儿童。

一旦没有了精神生活，学校的生活就会变得四分五裂、片面化。只追逐分数，就会陷入这样的现状。久而久之，我们就会养成一种只以成败论英雄的心态，只看成绩，其他的东西都被忽视了。当然，有的老师可能会说，现在这个社会，上级部门就是要成绩。这没错，上级确实要成绩。但是，人的自由在哪里呢？

有一部科幻片里有一句话："不要温和地走进那个良夜。"作为老师、校长，我们考虑到自己的幸福和儿童的幸福时，有时会感到自己肩负着使命。我们有使命去追求校园生活、班级生活的丰富性。一方面我们要抓成绩，另一方面也要注重一所学校、一个班级大家共同的精神生活。而且我们相信，有良好的精神生活会非常有助于儿童本身的精神发育。这一点，我认为是非常重要的。

一、帕夫雷什中学的校园精神生活

在这一点上，苏霍姆林斯基在帕夫雷什中学其实做了非常大的努力。他有一本书就叫《帕夫雷什中学》。整个帕夫雷什中学，学生的精神生活是非常丰富的。我们今天先看一下，他们做了一些什么事情，他们所做的事情对我们今天会有什么启发。他说：

> 我尽力使个人阅读成为儿童精神上的需求。在一年级和二年级，每一两周，儿童就要从图书馆借读一本书并进行朗诵。没有这一点就不可能培养扎实稳固的迅速阅读理解的能力。
>
> ……
>
> 一年级时，我就力求使阅读成为儿童们的精神需求，而不只是以培养快速感知词义和发音技巧为目的的练习。只有符合儿童的发展水平——智力、情感和审美发展水平的东西，同时又能促使其进一步发展的东西，才能进入他的精神世界。对读物的正确选择是教育工作者特别重要的任务。令人遗憾的是阅读课本中缺少好多适合儿童理解力的艺术珍品。学年开始三个月之后，我们就开始读没有收入阅读课本中的富有趣味的童话和故事。（《帕夫雷什中学》）

也就是说，当我们在讲到精神生活的时候，精神生活的表现是全方位的。艺术也好，体育也好，学科教学也好，精神生活是无处不在的。

与精神生活关联度最密切的，无疑是阅读。如今，大家已经深知读书的意义远不止学习语文知识。无论是在小学还是中学阶段，当我们谈及阅读时，首先强调的是它对道德人格发展的促进作用。我们将阅读、整本书共读、经典研读、名著课程视为道德人格课程，这是至关重要的，因为阅读与人的品格塑造息息相关。

现在的时代虽然与以往有所不同，但阅读作为精神生活交流的一种媒介，其作用依然显著。在我们那个年代，男女同学之间常常通过借书还书、讨论书中内容来增进了解，慢慢产生感情。而阅读本身，就是一种能够迅速形成公共生活的方式。我们所说的共读、共写、共同生活，其中阅读占据了核心地位。

如果你只是整天教训儿童、规训儿童，那其实是一种控制。因为儿童得不到合理的解释，他们不知道为什么要这样做。但无论是小学还是中学，如果你的班级能够与儿童共读一本书，共同看一部电影，儿童就会有所不同。开学之初，你可以拿出一两节课的时间，布置作业让大家去阅读《一百条裙子》《小王子》等书籍，然后组织讨论。通过讨论这些书籍，你可以引导儿童思考人与人之间的关系应该是什么样子的，从而导入我们应该建立怎样的班级生活的话题。

通过阅读讨论的方式植入价值观，这是一种最省力且有效的方式。否则，你就会变成只是给儿童提要求，告诉他们要遵守纪律，但为什么要遵守纪律呢？只是因为遵守纪律才能更好地学习，成绩才有保障。这种绕来绕去的教导方式是一种功利主义的教导，它不是基于价值观、基于共同生活。功利主义的教导在某种程度上会把人物化，不利于人形成良好的内心感受，也无法帮助我们恢复在这里工作、儿童在这里学习的意义感。

而通过阅读、通过共读，我们很容易与儿童达成某种价值观上的共识。这样，儿童就有可能从内心深处对老师、对班级产生一种认同，对如何处理彼此的关系有一种认识。因此，阅读在这一方面是非常重要的。

苏霍姆林斯基说：

> 朗诵诗歌在我们班里占有特殊的地位。那些已列入人类文化宝库的优秀的诗歌典范作品——普希金、莱蒙托夫、茹科夫斯基、涅克拉索夫、费特、舍甫琴柯、列夏·乌克拉因卡、席勒、密茨凯维奇、海涅、别兰热以及其他一些诗人的诗，我都背诵给孩子们听。孩子们产生了要学会背诵自己喜爱的诗歌的愿望。在四个学年中，学生背诵了很多诗。但是在他们尚未感受到诗句的美妙音韵之前，他们绝对不会去背诵的。
>
> ……
>
> 随着时间的推移，我们开始举办表情朗读晚会和晨会。每个愿意参加的人都为朗读自己喜爱的故事或诗歌作准备。许多别的班的学生也来参

这种晚会和晨会，于是这种朗读活动就逐渐成为全校性的活动了。

我们一年两度庆祝语文节，一次是在第一学期末尾，另一次是在学年末尾。这一节日的某些仪式已成为传统仪式。孩子们邀请村里的长者来参加，由他们来评定谁的故事或诗歌朗诵得最好。这是一种别具一格的创造性的竞赛，赠书给优胜者作为奖励。年长的农庄庄员——爱好和珍惜祖国语言的人，把奖品授予孩子。他们自己也讲童话和背诵诗。有时，学生和年长的庄员朗诵的是同一个作品。四年级的春季语文节持续了两天，希望朗诵故事、诗歌和寓言的真是大有人在。(《育人三部曲》)

苏霍姆林斯基特别擅长运用诗歌朗诵会来丰富学生们的精神生活。在朗诵会上，不是一个人在读，而是一群人共同参与，这种集体朗读的氛围非常浓厚。随后，还会有表情朗读会、语文节等一系列活动，大家读故事、讲故事，乐在其中。与他那个时代相比，如今的精神生活领域已经变得丰富多彩，不再仅仅局限于图书，各种活动层出不穷。但在那个年代，很多活动都是围绕着诗歌朗诵来展开的，其作用不可小觑。

从精神生活的角度来看，苏霍姆林斯基运用诗歌朗诵这种方式，主要是为了感染、熏陶和鼓舞学生。他通过诗歌的力量，让学生们感受到美好的情感，培养他们的审美情趣和人文精神。

然而，在我们今天这个时代，我们可能有了更好的方式来丰富学生们的精神生活。演讲和辩论成为更加重要的活动形式。因为我们现在更注重培养儿童的思辨能力和公民意识，而演讲和辩论正是锻炼这些能力的有效途径。它们不仅能够提升学生的口头表达能力和逻辑思维能力，还能够增强他们的自信心和团队合作精神。

因此，演讲与辩论更有可能成为我们今天的一种公共生活，成为学生们展示自我、交流思想的重要平台。通过这样的活动，我们可以更好地培养学生们的综合素质，为他们的未来发展打下坚实的基础。

苏霍姆林斯基继续说：

全校性的图书节也成了传统。在开学的前夕，8月31日，孩子和家长都到学校来。在这一天，大家互相赠书：孩子们互相赠，父母赠给孩子。集体农庄的管理委员会在这一天向语文爱好者小组的优秀领导人赠书也成为常规。

我尽力使每个孩子逐步补充自己的藏书，使阅读成为孩子最大的精神上的需求。在孩子们上小学的头两年中我就已做到使每一个家庭都有了藏书。

在一些家庭里，藏书超过了五百册，在另一些家庭里，要少一些，但每家的藏书都逐月增加。如果一个月之中家庭藏书连一本也没有增加的话，那我就认为这是一个令人不安的现象。(《育人三部曲》)

苏霍姆林斯基的学校非常注重阅读，其中全校性的图书节就是一个典型的例子。他建议每个家庭都应该有自己的藏书，以营造浓厚的阅读氛围。

我个人对此也深有感触，无论是在小学还是初中，我们都应该与家长密切沟通，建议他们将孩子的卧室打造成一个小书房。如果家里空间有限，至少也应该辟出一个角落，放置书桌和书柜，为孩子提供一个安静、舒适的阅读环境。

此外，我们还应该鼓励家长每年为孩子购买一定数量的图书。当图书打折或价格较为实惠时，我们可以及时将信息推送给家长，引导他们为孩子选购一些优质的书籍。同时，我们也可以提供一些书目指导，帮助家庭建立起丰富的藏书库。如果从小就这样做，对孩子的好处将是无穷的。

当然，书籍并不是知识的唯一源泉：

书籍当然不是唯一的源泉。儿童们聆听大自然的音乐，经常性地欣赏俄罗斯民歌以及莫扎特等人的世界名曲，欣赏芭蕾舞歌剧，参加合唱，练习乐器。(《育人三部曲》)

说到乐器，我想起苏霍姆林斯基也非常重视儿童的音乐教育，他提倡从二年级或三年级开始，孩子们就应该练习一种乐器。我有时候甚至怀疑，我们的乐器课是不是就是受到了苏霍姆林斯基的启发呢？

学校里的乐队、社团等组织，都是校园精神文化的重要组成部分，就像我们的小桥音乐会一样，它们不仅丰富了孩子们的课余生活，还培养了他们的团队协作精神和艺术修养。

同孩子们在一起的四年期间，我们的音乐资料差不多增加了一倍。这不算多，但我关注的不是数量，而首先是让人类音乐宝库（首先是乌克兰和俄罗斯人民的音乐）的一切精华进入儿童的精神生活，并且使他们在聆听同一个作品时能得到美的享受，使音乐在思维和感情生活中留下痕迹。

……

在音乐室里，我们吹奏芦笛，练习喜爱的曲子。二年级时，芦笛爱好者小组中有我们班的九个学生和别的班的四个学生。孩子们自己制造乐器。谢廖扎、尤拉、季娜和莉达真是制造芦笛的能手。他们到小树林中去选取合适的材料，在树荫下检验砍下的树枝，调试乐器的音响，使音色纯正、悦耳。

到了三年级，我们有了两只手风琴和三把小提琴。尤拉、谢廖扎、费佳、莉达、科利亚、季娜、拉里莎、萨尼娅和舒拉都学会了拉手风琴和小提琴。在小学最后一学年时，有19个孩子自己家里有了乐器——手风琴和小提琴。但是孩子们没有忘了芦笛。有些孩子显示出有音乐禀赋，但是我的主要目的不在于培养个别天才，而在于使所有的孩子都爱好音乐，使音乐成为所有孩子精神上的需要。（《育人三部曲》）

在实施过程中，我们难免会遇到一些问题。比如，类似音乐会这样的活动，有时会成为老师的负担，让老师感到压力很大。其实，这背后的原因很简单，就是长期的工作磨损让老师心理上陷入了疲惫状态。在疲惫的情况下，我们很容易把那些本来有意义的东西做成形式化的东西，失去了原本的初衷和热情。

一所学校的整体意义感和精神生活，很大程度上依赖于老师的热情和创造力。如果我们对艺体老师没有足够的热情和支持，那么大家就会倾向于"多一事不如少一事"的态度。这样一来，哪怕我们组织了小桥音乐会、音乐节等活动，也可能只是走走过场，流于形式，无法真正起到丰富校园精神生活、提升学生综合素质的作用。因此，我们需要重视老师的心理状态，激发他们的热情和创造力，让校园活动更加生动有趣，充满意义。

所以老师本身对这件事情的热爱，很想为儿童创造这样的一种精神生活，有这样的一种愿望动机是非常重要的。苏霍姆林斯基的学校，除此之外，还有——

我们举办了几次专题晚会，赏析达·芬奇的《蒙娜丽莎》、拉斐尔的《西斯廷圣母》等名画，这些晚会让少年心醉，充满了独特的诗意。（《育人三部曲》）

当然，校园精神生活的丰富多彩远不止这些，还包括种植（我们的"美丽角"）、到大自然中去、"环球旅游"（即借助地图介绍世界各地丰富多彩的地貌与文化等）……

随着孩子的渐渐长大，包括进入中学，各种手工课程、机械制作、园艺种植、科学实验……精神生活的领域进一步扩大了。（纵然是中学，帕夫雷什中学每天也只上半天课）不仅如此，精神生活的范围不知不觉中已经伸向了另外的领域：理想、信念、世界观……甚至恋爱，或者说就是整个生活本身。

所以这其实还是做得非常厉害的。我们做学校也好，做班级也好，其实有的时候要尝试着去突围，尝试着去给儿童创造一种生活，而不要急于焦虑和恐惧，一直在退缩。所以这一块的话，他已经不是在讲阅读了，他讲的是各种丰富多彩的活动在校园精神生活中的地位。这是我们看到苏霍姆林斯基学校的一个全貌。当然比较熟悉的，我们也知道，他的兴趣小组太多了，真的是非常非常丰富。每个儿童都有自己心爱的专业的一种领域。

二、文学与传记在校园精神生活中的重要地位

在探讨校园精神生活的过程中，我要特别强调两种阅读的重要性：一是文学，二是传记。在时间有限的情况下，我们无法像帕夫雷什中学那样安排半天学习、半天做其他事情，尽管这或许是个理想的状态，但至少目前还不是现实。

因此，在有限的时间里，文学和传记在校园精神生活中占据了举足轻重的地位。小学阶段，孩子们更多地接触故事，通过故事培养想象力和情感认知；而到了中学阶段，文学和传记则成为更为重要的阅读内容。文学能够拓宽学生的视野，丰富他们的内心世界，提升他们的审美素养；传记则能够让学生了解到杰出人物的人生经历和思想品格，从而激发他们的志向和抱负。所以，我们应该重视文学和传记在阅读中的地位，让它们在校园精神生活中发挥更大的作用。

我们看一下苏霍姆林斯基是怎么做的。他说：

我们常常集合在"美丽角""故事室"或者其他美丽的地方，我在那里讲述文艺作品。我讲述的都是一些中、短篇小说：果戈里的《圣诞节前夕》、米尔内的《牛槽满时难道牛还会叫吗？》、屠格涅夫的《阿霞》、契诃夫的《草原》、科秋宾斯基的《昂贵的代价》、列夫·托尔斯泰的《哥萨克》、伏尼契的《牛虻》、赫克特·马洛的《无家的人》、马克·吐温的《汤姆·索亚历险记》、尤利·凡尔纳的《神秘岛》、维克多·雨果的《被遗弃的人》、波列沃依的《真正的人》、高尔基的《伊席吉尔婆婆》、冈察洛夫的《大地轰鸣》。少年们从这些作品中了解了一些人的生活和斗争，他们是：布鲁诺、托马斯·闵策尔、谢尔盖·拉佐、伊凡·瓦佐夫、伊凡·博贡、亚努什·科尔恰克、费利克斯·捷尔任斯基、亚历山大·马特洛索夫、卓娅·科斯莫捷米扬斯卡娅、尤利乌斯·伏契克、霍斯罗夫·鲁兹贝赫。（《育人三部曲》）

大家看苏霍姆林斯基书里涉及的作者是非常多的，说明他的学生读的书是很多的。他说：

男女孩子们都是怀着急切的心情期盼着讲述文艺作品的课时。

如果我必须把一些思想灌输到少年心灵中最隐秘的角落，如果我必须揭示功勋、英雄主义、自我牺牲、真正的人性的伟大和崇高，我就对孩子们讲述文艺作品。我认为，在这样的时刻，教育者的力量和语言的力量发挥的作用比任何时候都大。

讲述文艺作品时所处的环境，使我们互相接近，带来一种精神上的亲近感，使我们的会谈打上了诗情画意的印迹。我们不愿意在讲述文艺作品时在我们中间出现某个"外人"，即来自另一个集体的人。我们喜欢在冬天的黄昏时刻听人讲述文艺作品。我们也喜欢幽静的夏天和秋天的夜晚。用来叙述的文艺作品全都渗透着这样一些思想：善与恶的斗争、人道和正义的胜利、道德的纯洁和高尚、人的情感的崇高。我努力通过文艺作品去灌输这样一种思想：一个人要忠实于劳动人民的崇高目标和理想。我努力使道德美成为完全是自己个人的、珍贵的、不可动摇的理想。对道德美的体验使少年在心灵上得到升华。在这样的时刻每个少年比任何时候都深刻地感觉到自己是一个真正的人。

文艺作品的讲述能磨练少年的心灵，使之对邪恶、谎言、生活中的阴暗面变得更敏感，激发起对一切有悖于理想的现象的强烈抗议和针锋相对的斗争。我深信，被道德美所感染的崇高的情感在人的内心所取得的胜利，能使人用心灵去敏锐地响应周围世界的现象的能力变得更强。正是在男女孩子们对高尔基的故事中的形象产生深刻印象的那些日子里，一些人的冷漠和自私使他们气愤不平。他们激动地、蔑视地谈论一个40岁的男人，当一个男孩掉进水里时这个男人还在钓他的鱼，甚至连身子也不抬一抬，丝毫没有要救人的表示。一个路过池塘旁的拖拉机手跳进了水里，救起了孩子。我的学生早就知道了这件事，但那个时候那个男人的冷酷没有使他们的心灵激动。现在他们以新的眼光审视这种行为并气愤地说:"一个没有良心的人,怎么可以心安理得地在这块土地上行走,怎么可以心安理得地睡觉,心安理得地呼吸诚实的人们所呼吸的空气?"

我高兴地发现,随着我把这样的词一个接一个地注入学生们的心灵中,我成功地使他们变得温柔、优雅、富有同情心。

歌颂爱情、忠实、忠诚的诗歌的语言,是一种强大的力量,它能使少年的心灵变得高尚。当我的学生正在进行着成长为男人和女人的神秘的过程时,我给他们朗读普希金的《我记住这美妙的时刻》、涅克拉索夫的《晚上我奔驰在黑暗的大街上》、谢甫琴科的叙事诗《着了魔的女人》以及其他作家的诗和散文作品的片段。任何说教和解释,无论多么头头是道,多么细致入微,都不能像诗歌的语言那样把爱人类美的全部情感的美传递给年轻的心灵。如果一个人崇拜马克思所描述的那个世界中的最纯洁、最隐秘的东西——妇女、母亲、生儿育女,他才有可能认识爱情的美。没有这种认识,这个人就不可能懂得并具有人的修养。如果我们当老师的希望从学校里培养出来的人,没有一个是没有知识的、没有教养的,那么我们就应该在他们的少年时代,就是在他们即将成长为男人和女人的时候,使他们具有这样的认识。(《育人三部曲》)

苏霍姆林斯基讲述了文学作品如何磨练少年的心灵,以及那些优美的词句如何深入儿童的心灵,使他们变得温柔、优雅且富有同情心。这实际上涉及文学的核心作用。在西方,人们常用"卡塔西斯"(即净化)这个词来描述文学对人的精神的洗礼作用。孔子删定《诗经》等作品,也是出于类似的目的。

当我们谈论整本书共读时,我们不得不提到它对儿童精神发展的巨大意义。整本书共读所涉及的主题,往往是儿童在生命成长过程中会遇到的大主题。这些主题在平时可能没有人去帮助儿童深入理解和思考,但通过阅读,儿童可以获得全新的感受和启示。有些作品的冲击力非常强,能够引发读者强烈的共鸣。

以我们"70后"为例，我们读路遥的《平凡的世界》时，那种整体的感觉非常强烈。我小时候读《北方的河》等作品时，内心深处仿佛有一条黄河在奔流，充满了激情、憧憬和理想主义。这种文学作品的冲击，能够让儿童从日常生活的琐碎中超脱出来，避免他们的道德变得麻木。相反，文学作品会让儿童的心灵变得博大、开阔、敏感、优雅且富有同情心。

为什么我们要让儿童读文学作品呢？因为如果他们不读，他们的心灵可能无法变得敏感。当他们走向社会时，可能会变成我们今天所看到的键盘侠，情绪化，对他人缺乏悲悯之心。同理心和同情心，往往是在阅读文学作品的过程中逐渐培养起来的。

苏霍姆林斯基所处的时代是一个文学的时代，我自己读书的时代——80年代，也是一个文学的时代。但今天，我们不再生活在一个文学占据主导地位的时代。然而，我认为，正因为今天不是文学时代，我们更有必要把经典的文学作品带给儿童。

今天是一个视频时代，许多儿童更愿意观看视频而不是阅读文学作品。因此，除了经典作品，我们可以考虑引入电影课程。我们可以从一年级到六年级，从初一到初三，形成一个电影课程的序列。好电影其实并不多，但我们可以选择那些对儿童有深刻启发的作品。通过将电影与自由写作相结合，儿童对电影的理解会更加深入。如果每年能让儿童观看十部左右的电影，这些电影积累下来，对他们的意义将是非常重大的。通过这些电影，儿童可以思考自身的命运和选择，从而使他们的生命更加丰富、选择更加明智、内心更加自由。

文学是一种思考我们生命和生活的方式，是一个非常好的理解过程。从教师的角度来看，有很多好电影值得观看，如《肖申克的救赎》《阿甘正传》《楚门的世界》等。特别是与教师职业高度相关的电影，如《放牛班的春天》《死亡诗社》《蒙娜丽莎的微笑》等，观看这些电影时，我们的内心会受到很大的触动。

我最喜欢的一部电影是《生命因你而动听》。这部电影在我生命中贯穿了十年以上，每当我讲述教师专业发展或职业认同时，电影中的很多场景都会在我的脑海中盘旋。电影的主人公霍兰（也称贺伦）先生的梦想是成为一个音乐家。但为了生计，他不得不做一名教师。最初，他以为教师的工作轻松、假期多，可以有很多业余时间来创作。然而，他很快发现自己想多了。他在学校里按时上班、按时回家，从来不多待一秒。他认为自己是个好员工，因为他在教室里按照教学大纲上课。至于儿童不喜欢、成绩差，那是儿童的问题，他已经尽到了自己的职责。

然而，校长的一次谈话改变了他。校长指出，作为一名教师，除了为年轻的大脑传授知识，更重要的是指引他们方向，以免知识被浪费。校长的话让霍兰意识到自己在指引方向方面做得很差劲。最终，在校长退休时，霍兰成为校长最欣赏的老师，他经历了巨大的变化。

这部电影让我长久地思考教师的使命是什么。当那些年轻的生命被送到我们的教室时，他们不是一个个物体，而是需要我们指引方向的生命。这部电影给了我深刻的启发，让我不断思考如何给儿童以正确的方向。当然，电影的启发远不止于此。比如，霍兰因为妻子意外怀孕而不得不换更大的房子，他攒钱的速度慢了，音乐梦也一点点在破灭。同时，他在教学上也迎来了一个转折时期。这一部分内容我印象太深了，愿意与大家分享。

这里面有一个凌小姐。凌小姐一直在学吹黑管，但她是最笨的那一个，一直吹一直不会吹。然后有一天她就来找霍兰，说准备退出乐团。为什么呢？

因为我在拖大家的后腿（我老吹不好）。但是我也想跟你说一声谢谢，谢谢你帮我。

相当于说"我"是个后进生，"我"在乐团里影响了大家，那"我"

退出。这对"我"来讲是一次失败的经历。然后这个时候——

霍兰说：吹黑管好玩吗？

凌小姐说：我也想那样的。（好玩）

霍兰说：小姐，我们一直用错了方法。我们只是吹纸上的音符。

——我们只是在教教材。

凌小姐问：那除此之外还有什么好吹的？

霍兰说：音乐不仅是记载在乐谱上的，以他们为例（霍兰播放滚石乐队的音乐），他们唱得不怎么样，也没有和声的概念，不断地重复这三个和弦，但是我喜欢他们。你呢？

凌小姐说：我也喜欢。

霍兰问：喜欢？为什么？

凌小姐说：不知道。

然后霍兰说：我知道的。

凌小姐说：因为很好玩。

霍兰说：对。因为演奏音乐应该是好玩的，它是关于情感、关于感受，能感动别人的、美好的、有生命的，它不是印在纸上的音符。我可以教你书本上的，但另一样我教不了你。帮我个忙，拿起黑管跟我一起演奏。

凌小姐说：好。

这一次霍兰把她的乐谱拿掉了，他说：这一次没有乐谱。因为你已经熟悉了，它已经在你的脑中、指尖和心里，你只是不相信自己。

开始吹，她失败了。再来，然后又一次失败了。

霍兰说：没关系，不要丧气，我问你个问题。

凌小姐问：什么？

霍兰问：当你照镜子的时候，你最喜欢自己什么？

凌小姐陷入回忆，说：我的头发。

霍兰问：为什么呢？

凌小姐说：因为我爸爸常说令他想起晚霞。

然后霍兰说：那你就吹出晚霞吧。

然后这个吹奏就成功了。

霍兰的故事对我影响至深，尤其是他如何改变了凌小姐的命运。凌小姐原本在家中感到自己很不行，与家人相比显得逊色。但经过霍兰的引导，她获得了自信，最终成为一州之州长。霍兰在她生命中扮演了关键角色，是在她人生关键时刻出现的重要人物。对于教师而言，这无疑是极大的荣誉。我们一辈子做教师，能有几个学生真正因我们而发生改变呢？如何创造这样的契机来刺激、促进学生完成改变，我认为是至关重要的。

表面上看，是霍兰挽救了凌小姐，但实际上，凌小姐也挽救了霍兰。在经历了无数失败后，霍兰突然领会到了音乐教学的真谛，也领悟到了教学的核心："众里寻他千百度，蓦然回首，那人却在灯火阑珊处。"这是教师生命中的关键时刻。

我自己也经历过这样的关键时刻。那一刻，我突然明白了课应该怎么教，意识到以前只是基于恐惧、对知识的不理解和在知识面前的不自由而在讲授知识。但那一刻，我仿佛把握住了知识的灵魂，知道知识必须与儿童发生"化学反应"。这种反应是情感的、道德的、心理的，而不是固执于表面上的词语。当这种"化学反应"发生时，儿童可能会因此发生变化，达到某个临界点。可以说，从那一刻起，霍兰真正地成为一名教师，开始认同自己的教师角色，他的生命也复苏了。他的音乐家梦想在教学中得到了转化，赋予了自己人生以意义。

这部电影对我影响深远，因为它讲述了我们与儿童、知识、教学的关系，这与《教学勇气：漫步教师心灵》一书中的观点不谋而合。电影让我重新审视了自己的职业。我们可能应付、倦怠，责怪学生，觉得自己不幸，但仔细想一想，是哪一刻爱上了这个职业并逐渐投入其中的呢？

电影给我的启发是：真正的教学必须唤醒学生的内在热情，这是教师的真正使命。本质上讲，教学是一种生活，是一种精神生活。我们与学生的教学过程首先是一种精神生活，这种精神生活是教室的气氛、土壤和不息的河流，知识必须浸润其间才能活起来。这就是文学、电影可能带给我们的冲击。

当然，对于学生而言，到了小学高年级和中学阶段，传记可能更直接地影响他们。我曾讲过，小学生不适合读传记，这当然有特定的语境。我主要想表达的是，小学生读的往往不是真正的传记，而是假故事。真正的传记很复杂，没有一定的智力是无法理解的，所以小学生最好读故事。

但中学阶段的传记阅读就很重要了。以下是我认为最值得读的一些传记，比如《人类群星闪耀时》、《苏东坡传》(林语堂)、《富兰克林传》、《居里夫人传》、《巨人三传》等。我们完全有必要把这些传记开发成课程带给学生，哪怕利用寒暑假或班会时间。我们不是简单地把书推给学生，像《人类群星闪耀时》这样的书，很多学生是不爱看的，他们必须有讨论和互动，否则仍会对传记感到隔膜。

在中学阶段，我们还可以针对男生和女生重点推荐一些书。比如适合女生读的《红楼梦》《飘》《简·爱》和《小妇人》。其中的《红楼梦》和《小妇人》特别重要，值得深入分析。有时候我们成人读这些书都会深受启发。为什么？因为我们很多时候不知道自己是谁，不知道为什么会与他人、环境甚至父母和所爱的人产生冲突。但在读《红楼梦》和《小妇人》时，我们会看到不同人物的性格模型，很容易从某个人物身上认出自己。这种理解对生命而言是非常重要的，它会让一个人活得更自觉。

所以在整个中学阶段，我们为什么不能开设一些这样的课程来专门讲给女生或男生听呢？当然，讲给女生的课程男生也可以听，因为他们可以理解女性；同样，讲给男生的课程女生也可以听。

再比如适合男生读的，我最中意的是这四本：《约翰·克利斯朵夫》

《老人与海》《西游记》《水浒传》。这些作品展现了男性坚毅的品格、理想主义、不屈服的精神和领导力等。在这些作品中，我们也会看到男性不同的模型。其实在小学高年级的时候，像《草房子》就已经展示了一组男性的模型，那个时候我们就可以在共读中带入这些东西了。

当然，有人会经常觉得学生没有时间读书，但事实并非如此。不是学生没有时间读书，而是没有人帮助他们打开书籍的大门和精神之门。而这本来是教师的职责，甚至不能只是语文教师的职责。物理老师、化学老师、生物老师难道不能讲本行业的一些书吗？难道不能讲一些人物传记吗？当然可以。如果学生一天到晚只是学习，他们的效率必然会低下，因为人的注意力不可能一直专注。这就容易形成纪律问题，而我们老师又在抓纪律，其实学生是被压抑的，这是他们反弹的结果。所以学校里学生的生活需要一种节奏感，而书籍就能帮助他们形成这种节奏感。这样，在读书的过程中，他们就没有那么多的负担和压力，而且很容易享受其中。

回顾我刚才讲的这么多内容，大家可以发现学校里的精神生活是多种多样的。我们的艺体老师、每一科老师都可能与学生创造出他们的精神生活。而在所有的精神生活中，艺术和阅读具有不可替代的作用。在阅读里，我特别强调文学阅读和传记阅读。在我们这个时代，我认为电影的影视阅读，即电影课程也非常有价值，值得我们教师团队在这个领域做一些探索。而且我们现在在探索这些的时候，资源已经是齐备的，不管是解读还是其他方面都有很多资源可用。

三、精神生活与第二套大纲

我们今天在探讨精神生活，这种精神生活与我们之前提到的第二套大纲有何关系？它们之间既有相似之处，也存在显著差异。当我们谈论精神生活时，我们的核心目标是人，因此我们会选择传记、文学作品等作为载体。虽然精神生活也包含了一定的知识元素，但它并非第二套大纲的复制品。

第二套大纲的核心目的是解决知识问题，它为学生提供了额外的阅读材料，以支撑第一套大纲的教学。因此，第二套大纲与精神生活虽然都涉及阅读，但它们的侧重点和目标是不同的。当然，有些阅读材料可能同时兼具知识传授和精神塑造的功能，如《林肯传》既能帮助学生理解历史，又能塑造他们的精神世界。但我们必须明确区分这两个概念，不能混为一谈。

接下来，我们思考一下，哪些元素构成了校园的精神生活？校园里有许多活动，如升旗仪式、节日庆祝等，但这些活动本身并不等同于精神生活。活动的特点是碎片化的，它们需要被整合和提升，才能形成具有一致性和灵魂的精神生活。

校园精神生活的背后应该有一致的目标，即学校的使命、愿景和价值观。所有的校园活动都应该指向目标，传递学校的价值观。以升旗仪式为例，我们可以设计多样化的环节，如儿童合唱、乐器演出、学生分享假期安排、清洁阿姨和厨房师傅的讲述等，这些环节都蕴含着价值观的传递。但我们需要深入思考，如何设计升旗仪式，让它真正成为精神生活的载体，而不仅仅是完成一些规定动作。

同样的道理，节日的设计、评奖颁奖的名称、家长开放日的组织和讲述方式等，都处处体现着学校的价值观。当这些元素被精心设计和实施时，它们就会形成学校的一种氛围、一种无形的教育力量，即校园文化。

在班级层面，班级也需要有自身的精神生活。通过定期的户外活动、班会讨论、系列分享杰出人物的故事、讨论社会热点等方式，可以加深师生之间的感情，凝聚班级的力量。班会的规划尤为重要，它可以通过自由写作、组织讨论、达成共识等环节，引导学生思考班级的方向和价值观。

此外，班级生活中的小细节也不容忽视，如儿童过生日时的祝福仪式，虽然简单但温馨，能够传递班级的温暖和关爱。班级课程也是塑造精神生活的重要方式，如演讲会、朗诵会、故事会等，它们可以为学生提供展示自我的舞台，拉近师生之间的关系，传递班级的价值观。

最后，我们要强调的是，校园精神生活应该是丰富而和谐的。丰富并不意味着杂多，而是指不同元素之间的内在联系和平衡。校园精神生活需要与学科教学构成节奏，实现生命不同部分、不同要素之间的全面和平衡发展。这包括道德的、思想的、公民的、智力的、创造的、劳动的、审美的、情绪的、身体的等多个方面。只有当我们真正理解了这些要素之间的内在联系，才能打造出真正富有精神内涵的校园生活。

关于这个问题，干国祥老师说：

校园精神生活的丰富，同时应该意味着和谐（否则只能叫"杂多"而不能叫"丰富"），和谐意味着校园精神生活的平衡与节奏：

生命不同部分、不同要素之间的全面（而不是片面）和平衡（但不是平均），包括道德的、思想的、公民的、智力的、创造的、劳动的、审美的、情绪的、身体的等。唯分数论，就是不和谐的表现。

每一部分都不能离开生命这个整体，尤其是精神生活的整体而进行训练。例如，不能离开整体的心理、精神生活，而单独对某一器官或能力进行脱离背景的形式训练，智力训练不能脱离精神背景成为机械操练。

每一部分或不同职能之间相互依存、不可割裂，例如知识与能力、思考与记忆、智慧与双手、物质需要与精神需要、劳动和能力、家庭和学校、个人利益与社会利益、认识世界和自我表现，等等。

学习从根本上是非强迫的，即一种自觉、自愿、自主。例如，在个人利益与社会利益相结合，个人服从于社会义务时，应当符合个人的愿望……

唯分数论确实造成了校园生活的不和谐，因为它过分侧重于分数，而忽视了教育的整体性。教育的各个部分都是相互依存、不可分割的，这一点值得我们深入思考。

比如，在学校里，我们不能把活动都集中在某一段时间，而是应该将它们均匀地分布在一个学期甚至一整年里，以保持一种节奏。这样，既不会让学生整天忙于活动，也不会让他们整天沉浸在学习中。那么，如何具体设计这些活动，就需要我们进行深入的探讨。

除此之外，苏霍姆林斯基还强调了个性的重要性。他认为，每个儿童都应该有自己的专长、个性和幸福之处，有自己可以施展才华的领域。这一点是不言而喻的，因为每个孩子都是独一无二的，教育应该尊重并培养他们的个性，让他们在自己的领域里发光发热。

最后再引干老师几段话，大家再理解一下。他说：

在校园精神生活中，丰富（全面）、和谐、个性，这三者之间是怎样的关系呢？

丰富（全面），说其广，从面上讲；和谐，讲其整体的结构及其状态，从形态讲；个性，在前二者的基础上，讲它的独特性。离开了全面和谐的个性是伪个性，而没有个性的全面就只是平均化的教育。全面与个性之间会有张力，最好的状态，乃是和谐。

和谐，特指几个因素之间的平衡：集体与个人，物质需要与精神需要，快乐与责任……全面，指的是这个生命发展将同时是道德的、美学的、劳动创造的、智力的诸个方面的（请注意，这些划分是人们为了理解复杂的生命现象而提出的概念，在生命中，它们原是一个相互影响与依赖的整体中的几个部分或要素）。

这些话，大家再琢磨一下，会觉得非常有价值。你想一想，如果再给你一个班级，你会怎么去设计一个班级的精神生活，或者一个班级的日常生活，或者一个班级一个学期、一年乃至于六年的一种节奏？所以最后几段话，给大家直接读一读，大家一边听一边思考。

如何促成丰富多彩的班级精神生活？

显然，班级精神生活也应该是丰富、和谐和个性化的。一个只依赖训诫维持纪律，依赖分数为中心的恶性竞争维持学习积极性的班级，是谈不上"精神生活"的。

所以，如果你拥有一个班级，那么必须思考一些问题：

我们如何为自己的班级命名？

我为什么用这个名字？我怎么解释它？

谁是我们的英雄？

我们这个班朝向哪个方向？

哪些"特殊人物"是我们教室里的"同学"或者"导师"？（或者说，谁是我们的榜样和自我镜像？）

你可以引入传记、童书中的人物，都可以。

我们拥有哪些节日？为什么是这些节日？

有的班级读了《一百条裙子》以后就有了旺达节。我们的节日可以自己设计、自己命名，那我们教室的节日会有哪些呢？

我们如何理解我们的校园生活——尤其是学科生活，包括可能躲避不开的恶性竞争（考分排名）？

我们拥有怎样合宜的课程体系？

我们拥有怎样的规则系统？

什么是高品质的班级精神生活？它是否足够丰富？是否能够激发整个

班级的积极性和向上感？是否让每一个儿童身处其中自由而富有创造性？

我们可以跟儿童们一起思考和讨论这些问题，为共同的愿景、共同的生活而欢笑和哭泣……这一切，都是你的"班级精神生活"。

我们可以憧憬，可以想象。如果它做出来，那一定很美好。当然这个非常非常难，正如我们经常讲"理想很丰满，现实很骨感"。但这些思考很重要。我们只要思考精神生活，就有可能在我们的班级生活中融入精神生活的某一些元素；直到某一天，我们真正彻底地理解一个班级，也能够游刃有余，那就是我们讲的"幸福完整的教育生活"。

后　记

我 30 岁出头的时候，遇到了一本交口称誉的书——苏霍姆林斯基的《给教师的建议》。

坦率地说，看不出来好在哪里，或者令人汗颜地说，我根本就没有读懂。更可怕的是，自己并没有意识到自己没有读懂，当时读的时候，头脑中涌现的关键词，是爱、阅读等，觉得这些无非是老生常谈，并没有多少新意。

2009 年，我在新教育实验团队负责教师专业发展项目。由干国祥老师、马玲老师和我为核心的团队（其他成员进进出出），被称为新教育研究中心，组建了"新教育实验网络师范学院"（前身为"海拔五千新教育教师读书会"）。这是一个以共读经典为核心内容的线上教师发展共同体，汇聚了大批热爱教育教学的一线教师。当时，共读《给教师的建议》就是其中一门课程，最早由干国祥老师执教。也是通过这门课程，他系统地解读了苏霍姆林斯基的教育学思想，并写了一组文章，其中最有名且影响至今的，是《苏霍姆林斯基教育学循环》。

通过他的解读，这本书的奥秘，才逐渐地展露在我面前。

后来，由我担任这门课程的讲师。在干老师的建议下，我开始了这门课程的深度研发，课程名称就叫"苏霍姆林斯基教育学"。为了上好这门课，我搜集了国内所能找到的关于苏霍姆林斯基的几乎全部作品，逐一加以研读。遗憾的是，虽然关于苏霍姆林斯基的研究很多，但大多观点陈旧，不忍卒读。我意识到，要真正地理解苏霍姆林斯基，是需要有一些哲学，尤其是认知心理学背景的。好在团队一起共读过皮亚杰、维果茨基、杜威等人的经典，是理解苏霍姆林斯基最好的背景。当然，也包括大量的德育理论和阅读理论等。

后来，在干老师的框架下，我对苏霍姆林斯基的教育学思想进行了全面梳理。不只如此，我还从能找到的他的作品中，精选了若干篇，按主题加以归类，形成了一套上下册的解读作品，就命名为《苏霍姆林斯基教育学》。这套书，就是我上这门课程的结晶。里面涉及的核心概念，大半是干老师之前阐释过的。

我不但讲解这些概念，而且当原来的新教育研究中心从新教育实验中脱胎而出，变成南明教育的时候，苏霍姆林斯基已经成了我的教育生涯中影响深远的教育家之一。我在七年的校长生涯中，也在反复践行这些概念，可以说，苏霍姆林斯基的思想，已经渗进了我的血液中。在整个人类的教育实践史上，苏霍姆林斯基是迄今为止未被逾越的一座高山，这也是我越来越坚定的认识。

疫情期间，我开辟了网上教育平台"老魏的咖啡馆"（后来分为家长版和教师版），我带着上千名老师继续共读教育经典，例如怀特海的《教育的目的》、杜威的《民主主义与教育》、弗洛姆的《爱的艺术》、埃里克森的《同一性：青少年与危机》，以及颇为流行的《人是如何学习的》。其中共读时间最久的，是《给教师的建议》，整整共读了98次，除有几条合并共读外，基本上每一条会用一个半小时来共读，详细讲解苏霍姆林斯基的教育学思想。这次共读，持续了两年，可以说，是一次大工程。继《苏霍姆林斯基教育学》这套书之后，这是对苏霍姆林斯基教育学思想的一次全面检阅。

也是在疫情期间，南明教育在郑州经开区的三所合作学校（龙美小学、蝶湖小学、朗星小学）的教师共读，我也时常参与，在贺佩佩、张智慧、原卫华三位校长的建议下，我用在线的方式，给三所学校的老师们系统地讲解了苏霍姆林斯基的教育学思想。这次讲解，当然不可能时间太长。老师们工作繁忙，时间珍贵，我需要在尽可能短的时间内，把苏霍姆林斯基的思想精华介绍给老师们。于是，我将苏霍姆林斯基的思想精华概括为十个关键词，也可以称为十个大概念，分别是：自尊心、评分、有意识记和无意识记、思维课、两套大纲、自动化读写、直观性、交集点、道德教育、精神生活。有前期的授课经验，有98次《给教师的建议》的共读，这次共读，相当顺利，反响也非常好。

从某种意义上讲，这也是我向苏霍姆林斯基告别的方式。十几年的沉浸，这座挖掘不尽的富矿，我已经采掘了最主要的部分。在苏霍姆林斯基之外，还有无限广阔的天地等着我去经历。而我相信，许多年轻的老师，哪怕在面对《给教师的建议》的时候，也可能如30岁出头的我一样茫然无措，找不到入口，我希望，我的这些成果，能够给他们一些必要的提示。

后来，我把这十讲的视频放在了"老魏的咖啡馆"里，供参与过《给教师的建议》共读的老师们用来总结和复习，反响也非常好。

在"老魏的咖啡馆"的朋友中，张羽轩老师是特别热情，精力也特别充沛的一位学友。她组织了一批共读的伙伴，将这十讲转化为文字，并进行了详细的整理，变成了一本书，然后交给了我。这些伙伴是：冷媛媛、宋庆、张帅、耿少华、王秀伟、贺小艳、吴艳飞、李国会、金东燕、丁金瑞、胡婷、郑晋仙。他们通力配合，完成了整个文字的初稿校订。特别致谢郑晋仙老师，她完成了整本书稿的二审复核。毫不夸张地说，如果没有这些热心的朋友，我绝无心力整理这部书稿。

文字稿整理得很细致，我拿到手后惊叹、感动，觉得不出版，也是对他们的辜负。碰巧屡屡听到朋友们听了十讲后，觉得很受益，于是觉得或许这本书，也有自己独特的价值。适逢 2025 年春节，回家过年，有几日可资利用，就埋头逐句整理，到初一，终于整理完成，算是了了一桩心事。

《给教师的建议》是一本常读常新的书，《苏霍姆林斯基教育学十讲》也特别适合教师自读和学校共读。这本书不只是对苏霍姆林斯基教育学思想的解读，同时，因为我辈同时受到了更多教育家的影响，受到了不同领域学者的影响，不可避免地会跳出苏霍姆林斯基的范畴，在更大的视域下，与他对话。这样的对话，也是本书颇有意义的一部分。

要特别致谢的，必然是干国祥老师。他完成了对苏霍姆林斯基教育学思想的原创式的阐发，我的一切思考，都建立在这种阐发的基础上。我经常说，"伯牙善鼓琴，钟子期善听"，我就是那个"善听"者，不敢掠原创之美。

也要感谢策划编辑卢风保老师。初稿提交给他后，他给出了细致的建议，正是在他的建议下，我作了一轮细致的修改，才有了今天的模样。

书稿初成，我特别邀请了我的好友，郑州市郑东新区第九十六中学湛献庚校长为我作序。因为关于苏霍姆林斯基的理论研究虽多，但在一线管理实践中，真正地相信并践行的人（尤其是校长）极少。而湛校长对苏霍姆林斯基教育学思想的研读甚深，更是把干老师提炼出来的"良性教育学循环"视为办学的核心思想。我希望在这片大地上，这样的校长多一些，再多一些。

2025 年 2 月